C#で始める OpenCV 4 プログラミング

北山洋幸●著

はじめに

　OpenCV（Open Source Computer Vision Library）は、膨大な関数を用意した画像処理ライブラリ集です。一般的な二次元の画像処理、ヒストグラム処理、ポリゴン処理、テンプレートマッチング、オプティカルフロー、および顔認識など多様なアプリケーションを開発できる関数群を用意しています。これらの関数のリファレンスならびに大量のサンプルプログラムが、丁寧な説明文とともに OpenCV のサイトに紹介されています。

　このように便利なライブラリですが、残念なことに、C# の本家から正式な OpenCV を利用するインターフェースは提供されていません。しかしながら、第三者から C# と OpenCV を融合させるラッパーがいくつか提供されています。本書では、最も一般的に使われていると思われるラッパーを使用し、C# から OpenCV の機能を使う方法を紹介します。また、C# から単純に OpenCV を使用するだけではなく、C# で構築したリッチなユーザーインターフェース（UI）を活用するために、OpenCV が処理した結果を C# へ取り込む方法も紹介します。

　OpenCV 自体の解説はたくさんの書籍が発行されており、OpenCvSharp や OpenCV のサイトには、豊富なサンプルプログラムが含まれています。また、これらのサンプルを書き直し、解説を加えたブログも多数存在します。このような背景から、本書は多くのサンプルプログラムを掲載することへ注力するのではなく、C# から OpenCV を使用したい人の参考、あるいは C# のフォームと OpenCV の融合にフォーカスして解説します。とはいえ、サンプルプログラムが、それほど少ないわけではありません。

　空間フィルタ処理やヒストグラム、およびアフィン変換などについては、.NET Framework にも十分なクラスが用意されているため、C# の機能で比較的容易に開発できます。しかし、もっと高度な機能を実現しようとすると OpenCV に一日の長があります。ところが、OpenCV を C や C++ 言語で使用すると、UI は貧相なものとなります。このため、せっかく高度な画像処理ができても、見栄えは陳腐なものになりがちです。そこで、本書は C# と OpenCvSharp を使用することによって、リッチな UI と高度な画像処理を融合させます。このような方法を採用すると、高度な画像処理と使いやすいユーザーインターフェース、そして素晴らしい GUI をもつアプリケーションを開発できます。

対象読者

- C# から OpenCV を利用したい人
- 画像処理プログラミング入門者
- OpenCV とリッチなユーザーインターフェースが同居したプログラムを開発したい人

謝辞

　出版にあたり、開発環境である Visual Studio を無償公開している米 Microsoft 社、OpenCV を無償公開した米 Intel 社、そして OpenCvSharp を公開されている shimat 氏に深く感謝いたします。また、株式会社カットシステムの石塚勝敏氏にも深く感謝いたします。

　　　　　　　　　2020 年初秋 新型コロナの流行で外出自粛中の自宅にて　　北山洋幸

■ 本書の使用にあたって ■

開発環境、および、実行環境の説明を行います。

■ Windows バージョン

Windows のバージョンへ依存するとは思えませんが、本書のプログラムの開発および動作確認は Windows 10 Pro（64 ビット）で行いました。Windows 10 Home Edition（64 ビット）でもほとんどのプログラムの動作を確認しています。

■ Visual C# のバージョンとエディション

無償の Visual Studio Community 2019 を使用します。

■ OpenCvSharp のバージョン

バージョン 4.4.0.20200915 を使用しました。

■ URL

URL の記載は執筆時点のものであり、変更される可能性もあります。リンク先が存在しない場合、キーワードなどから自分で検索してください。

■ 用語 ■

用語の使用に関して説明を行います。

■カタカナ語の長音表記

「メモリー」や「フォルダー」など、最近は語尾の「ー」を付けるのが一般的になっていますので、なるべく「ー」を付けるようにします。ただ、開発環境やドキュメントなどに従来の用語を使用している場合も多く、参考資料も混在して使用しているため、本書では、語尾の「ー」は統一していません。

■クラスとオブジェクト

本来はインスタンス化しているためオブジェクトと表現した方がよい場所でも、クラスと表現する場合があります。これは文脈から読み取ってください。

■ユーザーインターフェース

ユーザーインターフェースを UI や GUI と省略する場合があります。

■コントロール

　フォームデザイン時などに使用するコントロール、例えば PictureBox コントロールを、PictureBox と表現し、コントロールを省く場合があります。

■フォームとウィンドウ

　GUI をデザイン時にフォームと呼び、実行時にウィンドウと呼ぶことがあります。

■ソースリストとソースコード

　基本的に同じものを指しますが、ソースリストと表現する場合ソース全体を、ソースコードと表現する場合ソースの一部を指す場合が多いです。

■オブジェクト

　インスタンスと表現した方が良い場合でも、オブジェクトと表現する場合があります。両方を、厳密に使い分けていませんので、文脈から判断してください。あるいは、物体を指す場合もあります。

■映像とフレーム

　カメラから取得した画像を映像と表現する場合とフレームと表現する場合が混在しますが、同じものを指します。これらは文脈から判断してください。

■関数とメソッド

　本来ならメソッドと表現した方が良さそうな場合でも、従来の名残か関数という表現がオリジナルドキュメントで採用されているときがあります。本書も、それに倣って関数という表現を使用する場合があります。

■動画、画像、フレーム

　これらは混在して使用しています。動画は画像の集合です。ある瞬間では、動画も画像です。このため、動画を画像と表現した方が適切な場合があります。また、動画はフレームに分割できますので、フレームと表現する場合もあります。画像とフレームは、ほぼ同様の意味ですが、文章の流れからフレームと表現した方が良い場合、フレームを採用します。

目 次

はじめに iii

第1章 はじめてのプログラム 1

1.1 OpenCvSharp とは 1
　ライセンスについて 2
1.2 コンソールアプリの作成 2
　コンソールプロジェクト作成 2
　NuGet を用いて OpenCvSharp を導入 6
　実行例 8
1.3 Windows フォームアプリケーションの作成 10
　実行例 14
1.4 OpenCvSharp のクラスやメソッド 15
　Mat クラス 15
　Cv2.ImShow 15
　Cv2.WaitKey 15

第2章 色や輝度の処理 17

2.1 画像の反転 17
　Cv2.ImRead 22
　Cv2.BitwiseNot 23
2.2 グレイスケール 24
　Cv2.CvtColor 25
2.3 輝度平滑化 25
　Cv2.EqualizeHist 27
2.4 閾値処理（スレッショルド処理） 27
　Cv2.Threshold 28

第3章 フィルタ処理 31

3.1 ブラー処理 31
　CIo クラス 35
　Cv2.Blur 37

3.2 ガウシアン処理 38
　　Cv2.GaussianBlur 39
3.3 ラプラシアン処理 40
　　Cv2.Laplacian 40
3.4 Sobel 処理 41
　　Cv2.Sobel 42
3.5 Canny 処理 43
　　Cv2.Canny 44
3.6 画像の膨張 44
　　Cv2.Dilate 45
3.7 画像の収縮 46
　　Cv2.Erode 47
　　InputArray や OutputArray について 48
3.8 2 画面 48
　　Cv2.ImWrite 55
3.9 ドラッグ＆ドロップ 56
3.10 ユーザーインターフェースと OpenCvSharp を分離 59
　　CCv クラス 64
　　CCv クラスの private メソッド 64
　　CCv クラスの public メソッド 65
3.11 ガンマ補正 67
　　Cv2.LUT 69

第4章 アフィン変換 71

4.1 フリップ 71
　　Cv2.Flip 73
4.2 リサイズ 74
　　Cv2.Resize 75
4.3 回転 76
　　Cv2.GetRotationMatrix2D 77
　　Cv2.WarpAffine 78
4.4 透視投影 79
　　Cv2.GetPerspectiveTransform 81
　　Cv2.WarpPerspective 81

第5章 **画像合成** **83**

5.1　2つの画像を加算 83
　　　Cv2.Add 90
5.2　2つの画像の差分 91
　　　Cv2.Absdiff 92
5.3　2つの画像の論理和 92
　　　Cv2.BitwiseOr 93
5.4　マスクを使った2つの画像加算 94
5.5　ROIを設定した2つの画像加算 96
5.6　重みを付けて2つの画像加算 98

第6章 **オブジェクト** **103**

6.1　コーナー検出（1） 103
　　　Cv2.GoodFeaturesToTrack 105
6.2　コーナー検出（2） 106
　　　Cv2.FindContours 108
6.3　矩形の検出 109
　　　Cv2.DrawContours 114
　　　Cv2.ApproxPolyDP 115
6.4　ノイズの除去 116
　　　Cv2.Inpaint 117
6.5　透視投影 118
6.6　細線化 130
　　　CvXImgProc.Thinning 131

第7章 **マウスでオブジェクト操作** **133**

7.1　透視投影 133
7.2　オブジェクト除去 143
7.3　オブジェクトのサイズを変更 153
　　　Form1.cs の変更点 154
　　　Form2.cs の変更点 154

7.4 オブジェクトのサイズを変更・ガウス関数 161
 Form1.cs の変更点 161
 Form2.cs の変更点 162
 Cv2.Remap 168

第8章 オブジェクトの検出とサイズ変更 169

8.1 オブジェクト検出 169
 CascadeClassifier クラスのコンストラクター 174
 CascadeClassifier.DetectMultiScale 175
8.2 自動でオブジェクトを検出し拡大 176
8.3 自動でオブジェクトを検出し拡大・ガウス関数 178
8.4 テンプレートマッチング 179
 Cv2.MatchTemplate 182
 Mat.MinMaxLoc 183
8.5 オブジェクト交換 184

第9章 特徴点 191

9.1 特徴点検出 191
 Feature2D.DetectAndCompute 193
 Cv2.DrawKeypoints 193
9.2 特徴点のマッチング 194
9.3 特徴点のマッチング・双方向 197
9.4 パノラマ 200
 Stitcher クラス 201
 Stitcher.Create メソッド 202
 Stitcher.Stitch メソッド 202
9.5 パノラマ・非同期 202

第10章 フーリエ変換 209

10.1 離散フーリエ変換 209
 Cv2.GetOptimalDFTSize 212
 Cv2.CopyMakeBorder 212
 Mat.ConvertTo 213
 Cv2.Merge 213
 Cv2.Dft 214

        Cv2.Split 216

        Cv2.Magnitude 216

        Cv2.Log 217

        Cv2.Normalize 217

  10.2   逆変換 221

        Cv2.Idft 224

第 11 章　動画 **225**

  11.1   カメラ表示・コンソール 225

        VideoCapture クラス 227

        VideoCapture コンストラクター 227

        VideoCapture.Read 228

        Window.ShowImage 228

  11.2   動画ファイル表示・コンソール 228

  11.3   フォームへ動画表示 230

  11.4   動画へ画像処理 237

付　録　Visual Studio のインストール **239**

  参考文献 244

  索引 245

第1章

はじめての
プログラム

C# から OpenCV を使用する基本を説明します。初めてなので、プロジェクトへ OpenCvSharp を導入する方法も解説します。コンソールアプリケーションを使用し、C++ などで開発したプログラムと同様の UI を持つもの、そして、C# らしく GUI を持つプログラムの基礎を紹介します。

1.1 | OpenCvSharp とは

OpenCvSharp は、shimat 氏が開発した C# 用の OpenCV ラッパーです。筆者が調べた限りでは、C# から OpenCV を利用するときに最も使用され、機能も充実しているラッパーです。導入も簡単ですので、プログラミング初心者に限らず経験者にもおすすめです。

本ラッパーには、OpenCV で画像保持に使われる Mat クラスと .NET Framework の Bitmap 間で相互に変換する機能も用意されているため、容易に OpenCV で処理した結果を C# のコントロールへ表示することが可能です。各バージョンに対応した NuGet パッケージが用意されていますので従来の 2.x を使用できますが、本書では執筆時の最新バージョンを使用します。OpenCvSharp は開発が続いているため、より早く最新の OpenCV を使用できます。この点も OpenCvSharp を推奨する重要な要素です。

■ ライセンスについて ■

OpenCvSharp は LGPL ライセンスを採用しています。OpenCV 自体は BSD ライセンスです。ほかにも OpenCV などで使用されるライブラリ、たとえば TBB や ffmpeg などは個別にライセンスが存在します。

商用に利用する場合や、本体のソースコード配布、あるいは改変して使用する場合は、ライセンスに違反しないように十分配慮してください。

1.2 | コンソールアプリの作成

最も単純と思われる C# から OpenCV を利用するプログラムを紹介します。なお、プロジェクトへ NuGet で OpenCvSharp を導入する方法も説明します。

■ コンソールプロジェクト作成 ■

まず、新しいコンソールプロジェクトを作成します。

① Visual Studio 2019 Community を起動し、[ファイル▶新規作成▶プロジェクト]を選びます。

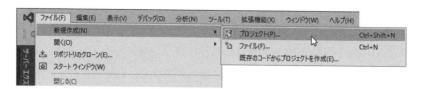

図1.1●［ファイル▶新規作成▶プロジェクト］を選ぶ

起動時に Visual Studio 2019 の画面が現れますので「新しいプロジェクトの作成」を選び、プロジェクトを新規に作成しても構いません。

②「新しいプロジェクトの作成」画面が現れますので「コンソール アプリ」を選びます。.NET Core を選んでいますが、.NET Framework でも構いません。

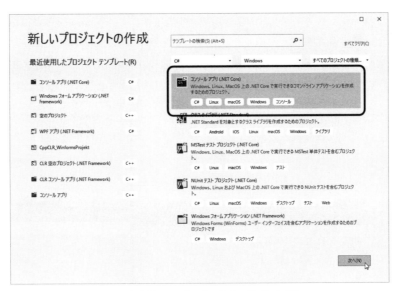

図1.2●「新しいプロジェクトの作成」画面

③「新しいプロジェクトを構成します」画面が現れますので「プロジェクト名」や「場所」などを指定します。この例ではデフォルトを使用します。

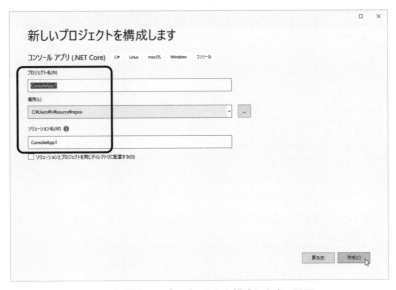

図1.3●「新しいプロジェクトを構成します」画面

④これでプロジェクトが作成されます。このプロジェクトには、自動で生成されたソースファイルが含まれます。

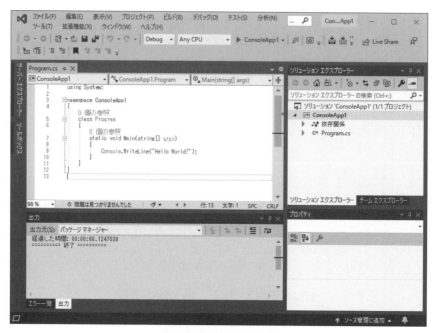

図1.4●プロジェクト完成

リスト1.1●自動で生成されたソースファイル

```
using System;

namespace ConsoleApp1
{
    class Program
    {
        static void Main(string[] args)
        {
            Console.WriteLine("Hello World!");
        }
    }
}
```

⑤このプログラムをビルドして実行すると、「Hello World!」が表示されます。

⑥このソースファイルを書き換え、OpenCVへ対応させたものを示します。OpenCvSharpを導入していないため、ソースコードの一部に赤い波線の下線が引かれパッケージが導入されていないのがわかります。

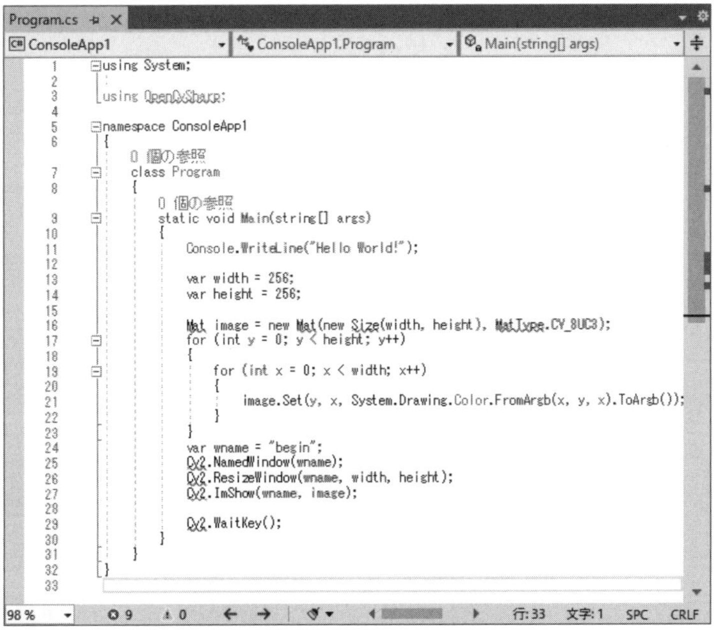
Program.cs
ConsoleApp1
ConsoleApp1.Program
Main(string[] args)
using System;
using OpenCvSharp;
namespace ConsoleApp1
{
0 個の参照
class Program
{
0 個の参照
static void Main(string[] args)
{
Console.WriteLine("Hello World!");
var width = 256;
var height = 256;
Mat image = new Mat(new Size(width, height), MatType.CV_8UC3);
for (int y = 0; y < height; y++)
{
for (int x = 0; x < width; x++)
{
image.Set(y, x, System.Drawing.Color.FromArgb(x, y, x).ToArgb());
}
}
var wname = "begin";
Cv2.NamedWindow(wname);
Cv2.ResizeWindow(wname, width, height);
Cv2.ImShow(wname, image);
Cv2.WaitKey();
}
}
}
98 %
行: 33
文字: 1
SPC
CRLF

図1.5●ソースファイルを書き換える

■ NuGet を用いて OpenCvSharp を導入 ■

　OpenCvSharp の導入は NuGet を用いると簡単です。NuGet 上に公開されている OpenCvSharp はいくつかのバージョンやプラットフォーム用が存在しますので、間違ったものを導入しないように慎重に選択しましょう。

①ソリューションエクスプローラーのプロジェクトの上で、マウスの右ボタンを押し、[NuGet パッケージの管理] を選択します。

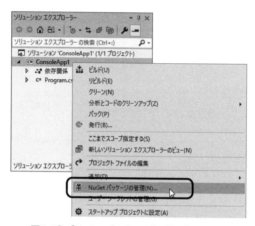

図1.6●[NuGetパッケージの管理]を選択

②「NuGet パッケージマネージャー」が現れますので、「参照」を選びます。

図1.7●「参照」を選ぶ

③このままパッケージを探しても良いのですが、数が多いので検索欄に「opencvsharp」と入力し、OpenCvSharp 関連のパッケージを表示させます。

図1.8●検索

④今回は OpenCV のバージョン 4.x を利用したいため、OpenCvSharp4.Windows と OpenCVSharp4.Extension を選び［インストール］をクリックします。細かなバージョンや公開日、ライセンス情報などが表示されますので、詳細は画面で確認してください。

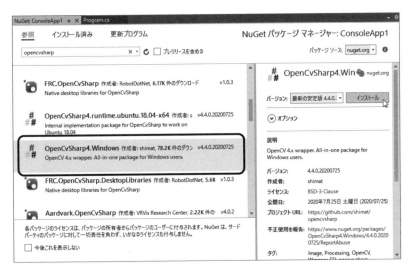

図1.9●OpenCvSharp4.Windowsをインストール

［インストール］をクリックしたときに確認のダイアログが現れることもありますので、適宜応答してください。

⑤しばらくするとインストールが完了します。正常にインストールが完了すると、ソースコードの下部に表示されていた赤い線が消え、OpenCvSharp のパッケージが導入されたのがわかります。

```
NuGet: ConsoleApp1        Program.cs ↔ ×
ConsoleApp1              ConsoleApp1.Program           Main(string[] args)
   1    using System;
   2
   3    using OpenCvSharp;
   4
   5    namespace ConsoleApp1
   6    {
          0 個の参照
   7      class Program
   8      {
              0 個の参照
   9          static void Main(string[] args)
  10          {
  11              Console.WriteLine("Hello World!");
  12
  13              var width = 256;
  14              var height = 256;
  15
  16              Mat image = new Mat(new Size(width, height), MatType.CV_8UC3);
  17              for (int y = 0; y < height; y++)
  18              {
  19                  for (int x = 0; x < width; x++)
  20                  {
  21                      image.Set(y, x, System.Drawing.Color.FromArgb(x, y, x).ToArgb());
  22                  }
  23              }
  24              var wname = "begin";
  25              Cv2.NamedWindow(wname);
  26              Cv2.ResizeWindow(wname, width, height);
  27              Cv2.ImShow(wname, image);
  28
  29              Cv2.WaitKey();
  30          }
  31      }
  32    }
  33

98 %      ⊘ 問題は見つかりませんでした              行: 33   文字: 1   SPC   CRLF
```

図1.10●インストール完了

■ 実行例 ■

ここまで完了すると、以降は一般的な C# のプログラムと同様です。ビルドして実行した例を示します。プログラムが起動すると、画像が表示されます。

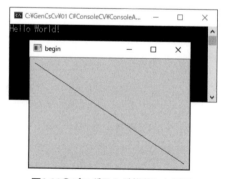

図1.11●プログラムが起動した様子

プログラムを終了させたい場合、画像表示ウィンドウにフォーカスを移動してから何かキー

を押してください。コンソールウィンドウにフォーカスを置いたままでは、プログラムへキー
コードが渡りませんのでプログラムは終了しません。

　最終のソースリストを以降に示します。

リスト1.2●最終のソースリスト（Program.cs）

```csharp
using System;

namespace ConsoleApp1
{
    class Program
    {
        static void Main(string[] args)
        {
            Console.WriteLine("Hello World!");

            int rows = 200, cols = 300;
            OpenCvSharp.Mat img = new OpenCvSharp.Mat(rows, cols,
                        OpenCvSharp.MatType.CV_8UC3, OpenCvSharp.Scalar.Cyan);

            img.Line(new OpenCvSharp.Point(10, 10),              // pt1
                    new OpenCvSharp.Point(cols - 10, rows - 10), // pt2
                            OpenCvSharp.Scalar.Blue);       // color

            var wname = "begin";
            OpenCvSharp.Cv2.NamedWindow(wname, OpenCvSharp.WindowMode.AutoSize);
            OpenCvSharp.Cv2.ImShow(wname, img);

            OpenCvSharp.Cv2.WaitKey();
        }
    }
}
```

　OpenCvSharp に対する using を追加していないため、OpenCvSharp を利用した部分へは、
必ず OpenCvSharp. を付加します。
　実行結果から分かるように、Mat 生成時に横幅 300 ピクセル、高さ 200 ピクセルで、色が
シアンのものを作成します。その後、Line で斜めに青色の線を引きます。
　このままでは、C++ で開発したプログラムと変わりありません。そこで、以降に Windows
フォームで開発したプログラムを示します。

1.3 Windows フォームアプリケーションの作成

今度は、Windows フォームアプリケーションで OpenCvSharp を使用する例を紹介します。

① Visual Studio 2019 Community を起動し、[新規作成▶プロジェクト] を選びます。

② 「新しいプロジェクトの作成」画面が現れますので「Windows フォームアプリケーション (.NET Framework)」を選びます。

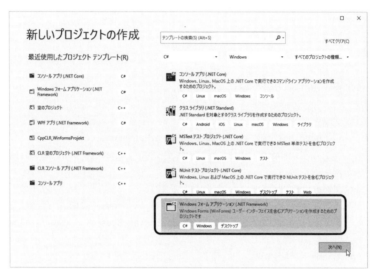

図1.12●「新しいプロジェクトの作成」画面

③ 「新しいプロジェクトを構成します」画面が現れますので「プロジェクト名」や「場所」などを指定します。この例ではデフォルトを使用します。

④これでプロジェクトが作成されます。このプロジェクトには、自動で生成されたフォームとソースファイルが含まれます。

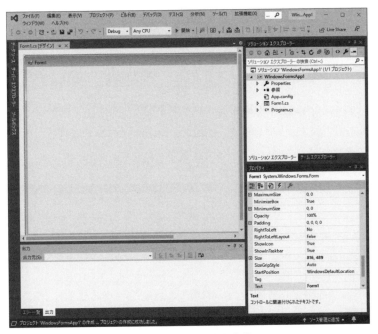

図1.13●プロジェクト完成

自動生成された Form1.cs を示します。

リスト1.3●自動生成されたForm1.cs

```csharp
using System;
using System.Collections.Generic;
using System.ComponentModel;
using System.Data;
using System.Drawing;
using System.Linq;
using System.Text;
using System.Threading.Tasks;
using System.Windows.Forms;

namespace WindowsFormsApp1
{
    public partial class Form1 : Form
    {
        public Form1()
        {
            InitializeComponent();
        }
```

```
      }
}
```

⑤ NuGet を用いて OpenCvSharp を導入する方法は、先に説明した通りです。

⑥フォームの Paint イベントに対応するメソッドを定義します。プロパティのイベントを選択し、Paint 欄をダブルクリックします。すると、Paint イベントに対応したメソッドが定義され、そのソースファイルの部分へカーソルが表示されます。

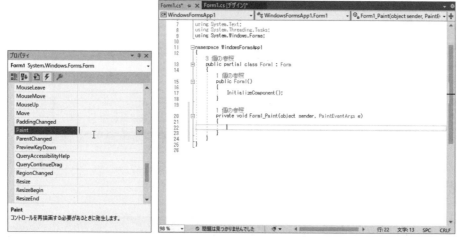

図1.14●Paintイベントに対応するメソッドを定義

⑦ Paint イベントに対応するメソッドを記述します。

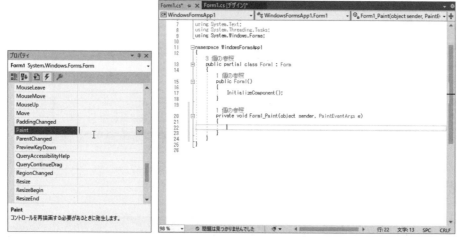

図1.15●Paintイベントに対応するメソッドを記述

最終のソースリストを以降に示します。

リスト1.4●OpenCVへ対応させたソースファイル（Form1.cs）

```csharp
using System.Drawing;
using System.Windows.Forms;

using OpenCvSharp;

namespace WindowsFormsApp1
{
    public partial class Form1 : Form
    {
        public Form1()
        {
            InitializeComponent();
        }

        private void Form1_Paint(object sender, PaintEventArgs e)
        {
            int rows = 200, cols = 300;
            Mat img = new Mat(rows, cols,
                                MatType.CV_8UC3, Scalar.Cyan);

            img.Line(new OpenCvSharp.Point(10, 10),             // pt1
                    new OpenCvSharp.Point(cols - 10, rows - 10),  // pt2
                                Scalar.Blue);                     // color

            ClientSize = new System.Drawing.Size(cols, rows);
            using (Bitmap bmp =
                    └ OpenCvSharp.Extensions.BitmapConverter.ToBitmap(img))
            using (Graphics myGraphics = Graphics.FromHwnd(this.Handle))
            {
                myGraphics.DrawImage(bmp, 0, 0);
            }
        }
    }
}
```

このプログラムは using OpenCvSharp; を指定しているため、OpenCvSharp の namespace を指定する必要はありません。いくつか注意しなければならないことは、

OpenCvSharp と .NET Framework で同じ名前を使用しているものがあるため、どちらのものかを明示的に指定しなければならない場合があります。たとえば、本プログラムでも使用している Point は、OpenCvSharp と System.Drawing の両方で定義しているため、どちらの Point であるか明示的に示します。

　基本的な処理は先のプログラムと同様です。異なるのは、先のプログラムでは処理も表示も OpenCV（OpenCvSharp）を使用しましたが、本プログラムでは処理の部分を OpenCV に任せ、結果の表示は C# で行う点です。

　フォームの Paint イベントに OpenCV 対応のコードを記述しましたので、フォームを表示する必要があるたびに本メソッドは起動されます。Mat オブジェクトを C# は表示できないため、いったん Bitmap オブジェクトへ変換し、それを表示します。このように Mat を Bitmap へ変換すると、さまざまな C# コントロールへ表示することが可能となります。

　using を使用し、Bitmap オブジェクトと Graphics オブジェクトの寿命を管理していますが、この程度のリソースであれば、リソースの管理は C# へ任せても構わないでしょう。

■ 実行例 ■

　ここまで完了すると、以降は一般的な C# の Windows フォームアプリケーションと同じです。ビルドして実行した例を示します。プログラムが起動すると、画像が表示されます。

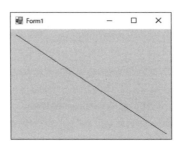

図1.16●プログラムを起動した様子

　ここまで理解できれば、様々なユーザーインターフェース（GUI）を持つ OpenCV 対応の C# アプリケーションを開発できます。

1.4 OpenCvSharp のクラスやメソッド

■ Mat クラス ■

C++ インターフェースで使用される cv::Mat に対応したクラスです。ほとんどのメソッドにおいて出力用の領域を確保しておく必要はありません。多くの関数は適切なサイズ、型、ビット深度の Mat を確保します。多数のコンストラクターが存在しますので、詳細について知りたい場合は、OpenCvSharp のドキュメントを参照してください。

■ Cv2.ImShow ■

ウィンドウ内に、指定した画像を表示します。

```
public static void ImShow (
        string  winName,
        Mat     mat
)
```

引数

winName ウィンドウの名前です。

mat 表示する画像です。

■ Cv2.WaitKey ■

キーが押されるまで待機します。

```
public static int WaitKey (
        int  delay = 0
)
```

引数

delay 遅延時間（ミリ秒）です。0は、無限を意味する特別な値です。

説明

　本関数は delay で指定した時間（ミリ秒）だけキーイベントを待ちます。delay ≦ 0 の場合は無限に待ち続けます。待っている間にキーが押された場合はそのキーコードを、キーが押されないまま待ち時間が経過した場合は–1 を返します。

第 2 章
色や輝度の処理

C# で開発した標準的な Windows フォームを使った、色や輝度の処理を OpenCV で行うプログラムを紹介します。

2.1 画像の反転

画像処理の説明に先立ち、フォームを簡単に説明します。以降にフォームを示します。

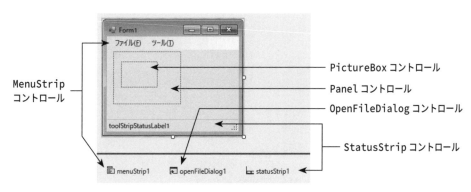

図2.1●フォーム

フォームの配置が分かりやすいように図を使って示します。フォームには、StatusStrip、MenuStrip、Panel、および PictureBox の 4 つのコントロールを配置します。スクロール

バー表示を行うので、PictureBox コントロールは Panel コントロールの上に配置します。

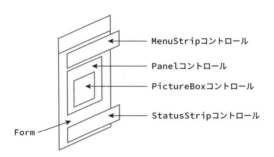

MenuStripコントロール
Panelコントロール
PictureBoxコントロール
StatusStripコントロール
Form

図2.2●コントロールの配置

メニューを以降に示します。メニューに対応するメソッドは、メニュー項目をダブルクリックすると、自動的にメソッドが定義され、該当のソースファイル部分へカーソルが移動します。その部分に、適宜コードを記述します。

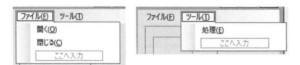

図2.3●メニュー

以降に、ソースリストを示します。

リスト2.1●Form1.cs（CsOcvsharp）

```csharp
using System;
using System.IO;
using System.Windows.Forms;

using OpenCvSharp;

namespace opencvTest
{
    public partial class Form1 : Form
    {
        private readonly string ttl = "sample";
        private Mat mSrc;

        public Form1()
        {
```

```
        InitializeComponent();

        Text = ttl;
        openFileDialog1.FileName = "";
        toolStripStatusLabel1.Text = "Status";
        panel1.Dock = DockStyle.Fill;              //スクロール対応
        panel1.AutoScroll = true;
        pictureBox1.Location = new System.Drawing.Point(0, 0);
    }

    // 「開く」メニュー項目
    private void FileMenuOpen_Click(object sender, EventArgs e)
    {
        try
        {
            openFileDialog1.CheckFileExists = true;
            openFileDialog1.Filter = "画像ファイル(*.bmp,*.jpg)|*.bmp;*.jpg|"
                                      + "すべてのファイル(*.*)|*.*";
            openFileDialog1.FilterIndex = 1;
            if (openFileDialog1.ShowDialog() == DialogResult.OK)
            {
                mSrc = Cv2.ImRead(openFileDialog1.FileName);
                pictureBox1.Image =
                    └ OpenCvSharp.Extensions.BitmapConverter.ToBitmap(mSrc);
                pictureBox1.Size = pictureBox1.Image.Size;

                // ウィンドウサイズ調整
                ClientSize = new System.Drawing.Size(pictureBox1.Width,
                                                  └ pictureBox1.Height
                                + menuStrip1.Height + statusStrip1.Height);
                //ファイル名表示
                toolStripStatusLabel1.Text = Path.GetFileName(
                                        └ openFileDialog1.FileName);
            }
        }
        catch (Exception ex)
        {
            MessageBox.Show(ex.Message);
        }
    }

    // 「処理」メニュー項目
```

```
            private void ToolMenuEffect_Click(object sender, EventArgs e)
            {
                try
                {
                    if (pictureBox1.Image == null)          // 読み込んでいるか
                        return;

                    Cursor = Cursors.WaitCursor;

                    using (var dst = new Mat())
                    {
                        Cv2.BitwiseNot(mSrc, dst);            // negative
                        pictureBox1.Image =
                            └ OpenCvSharp.Extensions.BitmapConverter.ToBitmap(dst);
                    }
                }
                catch (Exception ex)
                {
                    MessageBox.Show(ex.Message);
                }
                finally
                {
                    this.Cursor = Cursors.Default;
                }
            }

            // 「閉じる」メニュー項目
            private void FileMenuClose_Click(object sender, EventArgs e)
            {
                Close();
            }
        }
    }
```

　コンストラクターでコントロールの各種設定を行います。たとえば、フォームのタイトルを設定し、Panelコントロールの AutoScroll プロパティを true に設定します。PictureBoxコントロールは Panel コントロール上に配置されています。Panel コントロールのAutoScroll プロパティを true に設定しているので、PictureBox コントロールのサイズがPanel コントロールより大きくなると自動でスクロールバーが現れます。PictureBox コントロールの位置を左上隅に合わせます。

　［開く］メニュー項目が選択されたときに、制御が渡ってくるのが FileMenuOpen_Click メソッドです。例外を捕捉するために try{} & catch{} で囲みます。まず、ShowDialog メソッドで「ファイルを開く」ダイアログを表示させます。使用者がファイルを選択し［開く］を選択すると、ShowDialog メソッドは DialogResult.OK を返します。使用者が［キャンセル］を選択すると、DialogResult.OK 以外が返ってきます。キャンセルされた場合はすぐにメソッドを抜けます。ファイルが選択されたら、OpenCvSharp の ImRead を使用してファイルを読み込み、Mat オブジェクト mSrc へ格納します。このままでは C# で表示できないため、OpenCvSharp.Extensions.BitmapConverter.ToBitmap で Bitmap オブジェクトへ変換します。これを PictureBox オブジェクトの Image プロパティに設定します。

　次に、PictureBox の Size プロパティを画像サイズに合わせます。さらに、フォームの ClientSize を画像の大きさに合わせ、丁度画像を表示できるサイズに変更します。幅は画像の幅をそのまま使用しますが、高さは画像の高さに加え、ステータスバーとメニューの高さを加算します。

　最後に、表示したファイル名をステータスバーに表示します。「ファイルを開く」ダイアログが返す FileName をそのまま表示したのでは、パスまで表示されてしまいます。そこで、Path クラスの GetFileName メソッドでフルパス名からファイル名のみを取り出し、それをステータスバーに表示します。

　［処理］メニュー項目が選択されたときに制御が渡ってくるのが、ToolMenuEffect_Click メソッドです。［開く］メニュー項目で読み込んでおいた Mat オブジェクト mSrc の色反転処理を行います。その結果を、［開く］メニュー項目の処理と同様に Bitmap オブジェクトへ変換し、PictureBox オブジェクトの Image プロパティに設定します。

　［閉じる］ボタンをクリックすると FileMenuClose_Click メソッドへ制御が渡ってきます。単純に、Close メソッドを呼び出し、プログラムを終了させます。

　以降に実行例を示します。まず、画像を読み込み、［処理］メニュー項目が選択したときの様子を図で示します。

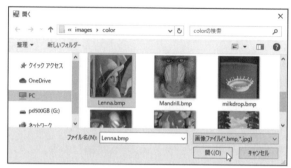

図2.4●画像を読み込む

　画像ファイルを読み込むと、フォームに画像が表示されます。［処理］メニュー項目を選択すると、画像の色が反転されます。

図2.5●［処理］メニュー項目を選択

■Cv2.ImRead■

ファイルから画像を読み込みます。

```
public static Mat ImRead (
        string          fileName,
        ImreadModes    flags = ImreadModes.Color
)
```

引数

fileName　　読み込むファイル名です。

flags　　　　読み込む画像のカラー種類です。いくつか代表的なものを示します。

flags	説明
Unchanged	アルファチャンネルを含む、そのままの形式で読み込まれます。
Grayscale	画像は常に 1 チャンネルのグレイスケール画像として読み込まれます。
Color	常に 3 チャンネル BGR カラー画像として読み込まれます。
AnyDepth	16 ビット／ 32 ビットの場合、対応したビット数の画像が返されます。そうでなければ 8 ビットへ変換されます。
AnyColor	すべての可能性のある色で読み込まれます。
LoadGdal	読み込むために gdal ドライバーを使用します。

説明

指定したファイルから画像を読み込みます。

Cv2.BitwiseNot

行列のすべてのビットを反転します。

```
public static void BitwiseNot (
        InputArray   src,
        OutputArray  dst,
        InputArray   mask = null
)
```

引数

src 　　入力画像（行列）です。

dst 　　出力画像（行列）です。入力画像（行列）と同じサイズで同じ型です。

mask 　オプションの処理マスクです。8 ビットのシングルチャンネル画像です。

説明

　行列のすべてのビットを反転します。以降に処理を式で示します。入力が多チャンネルの場合、それぞれのチャンネルは独立に処理されます。

| グレイスケール

　カラー画像をグレイスケール画像へ変換するプログラムを示します。ソースコードの変更は、ごくわずかです。ToolMenuEffect_Click メソッドの BitwiseNot を呼び出す部分を、CvtColor へ変更するのみです。以降に、ソースコードの変更部分を抜粋して示します。

　前節のプログラムの ToolMenuEffect_Click メソッドで網掛けした行を次のように変更します。

```
Cv2.BitwiseNot(mSrc, dst);           // negative
```

⬇

```
Cv2.CvtColor(mSrc, dst, ColorConversionCodes.BGR2GRAY);  // grayscale
```

　以降に入力画像と処理結果を示します。紙面上では分からないでしょうが、実行前の画像はカラー、実行後の画像はグレイスケールです。

図2.6●入力画像と処理後の画像（グレイスケール変換）

■ Cv2.CvtColor ■

画像の色空間を変換します。

```
public static void CvtColor (
        InputArray          src,
        OutputArray         dst,
        ColorConversionCodes  code,
        int                 dstCn = 0
)
```

引数

src 　　入力画像（行列）です。8 ビット符号なし、16 ビット符号なし、あるいは単精度
　　　　浮動小数点型です。

dst 　　出力画像（行列）です。形式は src と同じサイズ、同じ型です。

code 　「（src の色空間）2（dst の色空間）」の ColorConversionCodes を指定します。
　　　　詳細は OpenCvSharp のドキュメントを参照してください。

dcn 　　入力画像（行列）のチャンネル数です。0 を指定すると、src および code から
　　　　自動的にチャンネル数が求められます。

説明

　この関数は、さまざまな色空間を変換します。本章のプログラムでは、カラー画像をグレイ
スケールへ変換するのに使用します。

2.3 | 輝度平滑化

　画像の輝度を平滑化するプログラムを紹介します。輝度が一部に偏っているとき、その部分
を広げ、見やすくします。以降に、2.1 節のプログラムの ToolMenuEffect_Click メソッド
の網掛け部分を次のように変更します。

```
Cv2.CvtColor(mSrc, dst, ColorConversionCodes.BGR2GRAY);    // 輝度平滑化
Cv2.EqualizeHist(dst, dst);                                // 輝度平滑化
```

　本プログラムは、画像の輝度を平滑化します。OpenCvSharp の輝度平滑化関数は、グレイスケール画像を対象としているため、2.2 節「グレイスケール」で紹介した方法でカラー画像をグレイスケール画像へ変換します。Cv2.EqualizeHist で輝度平滑化後の画像を dst へ求めます。以降に、実行例を示します。

図2.7●入力画像と処理後の画像（輝度平滑化）

　輝度が偏っていると、その部分が広げられるためコントラストが増したように見えます。輝度が極端に偏っている場合、その部分が引き伸ばされるため、暗い部分が、より暗くなる場合もあります。

　なお、画像を読み込む際に imread 関数の第 2 引数に ImreadModes.Grayscale を与えることによって入力画像の種別にかかわらず、必ずグレイスケールで読み込むことができます。このような方法を採用すると、Cv2.CvtColor の呼び出しは省略できます。以降に、簡略したコードを示します。

```
    ⋮
mSrc = Cv2.ImRead(openFileDialog1.FileName, ImreadModes.Grayscale);
    ⋮
Cv2.EqualizeHist(mSrc, dst);                          // 輝度平滑化
    ⋮
```

■Cv2.EqualizeHist■

グレイスケール画像のヒストグラムを均一化します。

```
void equalizeHist (
        InputArray   src,
        OutputArray  dst
)
```

引数

src　　入力画像（行列）です。8 ビットのシングルチャンネルです。

dst　　出力画像（行列）です。入力画像と同じサイズ、同じ型です。

2.4 閾値処理（スレッショルド処理）

　入力画像へ閾値処理（スレッショルド処理）を実行します。変更は軽微ですので、その部分だけを示します（2.1 節のコードの ToolMenuEffect_Click メソッドの網掛け部分を次のように変更します）。

```
Cv2.CvtColor(mSrc, dst, ColorConversionCodes.BGR2GRAY);
Cv2.Threshold(dst, dst, 80.0, 210.0, ThresholdTypes.Binary);
```

　画像に閾値処理を行うには、Cv2.Threshold を使用します。先ほどと同様、Cv2.Threshold はグレイスケール画像を対象としているため、カラー画像をグレイスケール画像へ変換します。

　閾値は 60.0、最大値は 210.0、そして閾値処理タイプは ThresholdTypes.Binary を指定します。閾値処理後の画像を dst へ求めます。

図2.8●入力画像と処理後の画像

■ Cv2.Threshold ■

行列の要素に対して一定値で閾値処理を行います。

```
public static double Threshold (
        InputArray     src,
        OutputArray    dst,
        double         thresh,
        double         maxval,
        ThresholdTypes type
)
```

引数

src	入力画像（行列）です。形式は、シングルチャンネルで8ビット、もしくは32ビット浮動小数点です。
dst	出力画像（行列）です。srcと同じサイズ、同じ型です。
thresh	閾値です。
maxval	type が Binary か BinaryInv のときに使用される最大値です。
type	閾値処理の種類です。詳細やリファレンスや本文を参照してください。代表的な type と動作を表で簡単に示します。

type	説明
Binary	dst(x,y) = maxval if src(x,y) > thresh; 0 otherwise 擬似コード表現では dst(x,y) = src(x,y) > thresh ? max_value : 0;

type	説明
BinaryInv	dst(x,y) = 0 if src(x,y) > thresh; maxval otherwise 擬似コード表現では dst(x,y) = src(x,y) > thresh ? 0 : maxval;
Trunc	dst(x,y) = thresh if src(x,y) > thresh; src(x,y) otherwise 擬似コード表現では dst(x,y) = src(x,y) > thresh ? thresh: src(x,y);
Tozero	dst(x,y) = src(x,y) if src(x,y) > thresh; 0 otherwise 擬似コード表現では dst(x,y) = src(x,y) > thresh ? src(x,y) : 0;
TozeroInv	dst(x,y) = 0 if src(x,y) > thresh; src(x,y) otherwise 擬似コード表現では dst(x,y) = src(x,y) > thresh ? 0 : src(x,y);

説明

　この関数は、シングルチャンネルの行列に対して、固定閾値を使用し閾値処理を行います。この関数は、グレイスケール画像から 2 値化画像を生成する場合や、ノイズ除去に用いられます。

第3章

フィルタ処理

比較的単純なフィルタプログラムをいくつか紹介します。単に OpenCvSharp を利用し、C# から OpenCV を使う方法だけでなく、フォームとの融合やユーザーインターフェースと OpenCV の処理を完全に分離する方法まで説明します。

3.1 | ブラー処理

ブラー処理とは単純平滑化を行うことです。指定したカーネルサイズで単純平滑化を行います。処理対象画素（ピクセル）に対し、指定したサイズ領域の平均値（輝度値／色）を求めます。フォームは前章のものから OpenFileDialog コントロールを外しただけです。OpenFileDialog コントロールは、プログラム内で生成するように変更します。

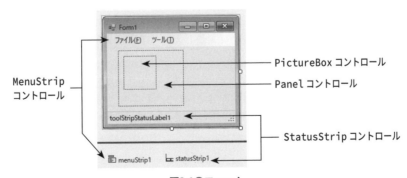

図3.1●フォーム

以降に Form1 に対するソースリストを示します。

リスト3.1●Form1.cs（Filters1Form）

```csharp
using System;
using System.IO;
using System.Drawing;
using System.Windows.Forms;

using OpenCvSharp;
using ClassLibrary;

namespace Filters
{
    public partial class Form1 : Form
    {
        private readonly string ttl = "sample";
        private Mat mSrc;

        public Form1()
        {
            InitializeComponent();

            Text = ttl;
            toolSSLbl.Text = "Status";
            panel1.Dock = DockStyle.Fill;              //スクロール対応
            panel1.AutoScroll = true;
            pBox.Location = new System.Drawing.Point(0, 0);
        }

        // adjust window size
        private void AdjustWinSize(Image img)
        {
            //スクロール対応
            pBox.Size = img.Size;

            // ウィンドウサイズ調整
            ClientSize = new System.Drawing.Size(img.Width, img.Height
                        + menuStrip1.Height + statusStrip1.Height);
        }

        // 「開く」メニュー項目
```

```
    private void FileMenuOpen_Click(object sender, EventArgs e)
    {
        try
        {
            CIo cio = new CIo();
            string fname;
            if ((fname = cio.GetReadFile()) == null)
                return;

            mSrc = Cv2.ImRead(fname);
            pBox.Image =
                └ OpenCvSharp.Extensions.BitmapConverter.ToBitmap(mSrc);

            AdjustWinSize(pBox.Image);                    // ウィンドウサイズ調整

            toolSSLbl.Text = Path.GetFileName(fname);    // ファイル名表示
        }
        catch (Exception ex)
        {
            MessageBox.Show(ex.Message);
        }
    }

    // 「処理」メニュー項目
    private void ToolMenuEffect_Click(object sender, EventArgs e)
    {
        try
        {
            if (pBox.Image == null)          // 読み込んでいるか
                return;

            Cursor = Cursors.WaitCursor;

            using (var dst = new Mat())
            {
                Cv2.Blur(mSrc, dst, new OpenCvSharp.Size(11, 11));   // Blur
                pBox.Image =
                    └ OpenCvSharp.Extensions.BitmapConverter.ToBitmap(dst);
            }
        }
        catch (Exception ex)
        {
```

33

```
                    MessageBox.Show(ex.Message);
                }
                finally
                {
                    Cursor = Cursors.Default;
                }
            }


            // 「閉じる」メニュー項目
            private void FileMenuClose_Click(object sender, EventArgs e)
            {
                Close();
            }
        }
    }
```

　本プログラムは、画像へ Cv2.Blur でブラー（平滑化）処理を行います。その前に、ファイル I/O の一部をクラス化したので、その部分について説明します。画像ファイルの読み込みや書き込みは多くのプロジェクトで共通に使用するため CIo クラスへ閉じ込めます。本プロジェクトの FileMenuOpen_Click を参照してください。CIo の GetReadFile で読み込み対象のファイル名を取得します。

　ブラー処理にはカーネルサイズを指定しなければなりません。本プログラムは外部からカーネルサイズは与えられませんので、直接ソースコードを書き換えてください。以降に、実行前の画像と実行結果を示します。

入力画像　　　　　　　　カーネルサイズ 3 で処理　　　　　　カーネルサイズ 11 で処理

図3.2●入力画像と処理した画像

■ CIo クラス ■

本プロジェクトの FileMenuOpen_Click を参照してください。CIo の GetReadFile で読み込み対象のファイル名を取得します。CIo クラスのソースリストを示します。

リスト3.2●CIo.cs

```csharp
using System;
using System.Collections.Generic;
using System.Drawing;
using System.Drawing.Imaging;
using System.IO;
using System.Windows.Forms;

namespace ClassLibrary
{
    public class CIo
    {
        //----------------------------------------------------------------
        // コンストラクタ
        public CIo()
        {
        }

        //----------------------------------------------------------------
        // 読み込みファイル名を取得、
        //                  ダイアログを使用して読み込みファイルを選択させる
        public string GetReadFile(
            string filter= "画像ファイル(*.jpg,*.bmp,*.png)|*.jpg;*.bmp;*.png|"
                                        + "すべてのファイル(*.*)|*.*")
        {
            string fname = null;

            using (OpenFileDialog openDlg = new OpenFileDialog())
            {
                openDlg.CheckFileExists = true;
                openDlg.Filter = filter;
                openDlg.FilterIndex = 1;
                if (openDlg.ShowDialog() == DialogResult.OK)
                    fname = openDlg.FileName;
            }
            return fname;
```

```
        }

        //------------------------------------------------------------
        // 書き込みファイル名を取得、
        //                 ダイアログを使用して読み込みファイルを選択させる
        public string GetWriteFile(
            string filter = "画像ファイル(*.jpg,*.bmp,*.png)|*.jpg;*.bmp;*.png|"
                              + "すべてのファイル(*.*)|*.*")
        {
            string fname = null;

            using (SaveFileDialog svDlg = new SaveFileDialog())
            {
                svDlg.Filter = filter;
                svDlg.FilterIndex = 1;
                if (svDlg.ShowDialog() == DialogResult.OK)
                    fname = svDlg.FileName;
            }
            return fname;
        }

    }
}
```

　本クラスは単純な機能しか持っていません。GetReadFile で読み込み対象のファイル
名を取得し、GetWriteFile で書き込み対象のファイル名を取得します。メソッド内で
OpenFileDialog や SaveFileDialog を生成しますので、これらをフォームへ貼り付ける必
要はなくなります。なお、本クラスをプロジェクトへ追加する際は、同じファイルを参照する
ように「リンクとして追加」してください。以降に図で示します。まず、プロジェクトにクラ
スが含まれていない状態を示します。

図3.3●プロジェクトにクラスが含まれていない状態

この状態で、プロジェクトの上でマウスの右ボタンをクリックします。そして、[追加▶既存の項目]を選択してください。そして CIo.cs を追加しますが、追加のドロップダウンで「リンクとして追加」を選択してください。このように指定するとファイルの実体が追加されずファイルへのリンクが追加されます。複数のプロジェクトから同じファイルを使用する場合は、このように「リンクとして追加」を選択すると良いでしょう。CIo.cs 追加後のソリューションエクスプローラーも示します。

図3.4●クラスの追加と、追加後のソリューションエクスプローラー

Cv2.Blur

ブラー処理を行います。正規化されたボックスフィルタの別名です。

```
public static void Blur (
        InputArray        src,
        OutputArray       dst,
        Size              ksize,
        Nullable<Point>   anchor = null,
        BorderTypes       borderType = BorderTypes.Reflect101
)
```

引数

src	入力画像（行列）です。
dst	出力画像（行列）です。入力画像（行列）と同じサイズで同じ型です。
ksize	ブラー処理に使用するカーネルのサイズです。
anchor	アンカーポイントです。デフォルト値は Point(-1, -1) で、アンカーが

カーネル中心にあることを意味します。

borderType　　ピクセル外挿タイプです。

　ガウシアンフィルタ処理を行うプログラムを紹介します。前節で示したプログラムをわずか
に変更しただけなので、その部分のみ次に示します。具体的には、ToolMenuEffect_Click
メソッドの Blur を呼び出す部分（網掛けされています）を GaussianBlur を呼び出すよう
に変更します。

```
Cv2.Blur(mSrc, dst, new OpenCvSharp.Size(11, 11));
```

```
Cv2.GaussianBlur(mSrc, dst, new OpenCvSharp.Size(5, 5), 10.0);
```

　以降に入力画像と処理結果を示します。

図3.5●入力画像と処理後の画像（ガウシアン処理）

■ Cv2.GaussianBlur ■

Gaussian フィルタを用いて画像を平滑化します。

```
public static void GaussianBlur (
        InputArray    src,
        OutputArray   dst,
        Size          ksize,
        double        sigmaX,
        double        sigmaY = 0,
        BorderTypes   borderType = BorderTypes.Reflect101
)
```

引数

src	入力画像（行列）です。任意のチャンネル数で構わず、それぞれが独立して処理されます。CV_8U、CV_16U、CV_16S、CV_32F そして CV_64F のみがサポートされています。
dst	出力画像（行列）です。入力画像（行列）と同じサイズで同じ型です。
ksize	Gaussian カーネルサイズです。ksize.width と ksize.height を別々に指定できます。与える値は正の奇数でなければなりません。0 を指定すると sigmaX と sigmaY から計算されます。
sigmaX	X 方向の Gaussian カーネルの標準偏差です。
sigmaY	sigmaY が 0 の場合、sigmaX と同じ値が使用されます。どちらも 0 の場合は ksize.width と ksize.height から計算されます。
borderType	ピクセル外挿タイプです。どのような外挿法があるかは OpenCV の仕様（BorderTypes）を参照してください。

説明

指定されたガウシアンカーネルで元画像を畳み込みます。インプレースで処理できます。

3.3 ラプラシアン処理

　エッジ検出フィルタの一種であるラプラシアンフィルタを紹介します。3.1 節のプログラム
からの変更点のみ示します。ToolMenuEffect_Click メソッドの網掛け部分を次の 2 行で置
き換えます。

```
Cv2.CvtColor(mSrc, dst, ColorConversionCodes.BGR2GRAY);        // Laplacian
Cv2.Laplacian(dst, dst, 0);                                    // Laplacian
```

　本プログラムは、Cv2.Laplacian で画像のエッジ検出を行います。Cv2.Laplacian につ
いては、後述のリファレンスを参照してください。ほかの処理は、これまで同様のため省略し
ます。以降に実行例を示します。エッジを綺麗に検出しています。

図3.6●入力画像と処理後の画像（ラプラシアン処理）

■ Cv2.Laplacian ■

　Laplacian オペレータを、画像に適用します。

```
public static void Laplacian (
        InputArray   src,
        OutputArray  dst,
        MatType      ddepth,
        int          ksize = 1,
        double       scale = 1,
```

```
    double      delta = 0,
    BorderTypes  borderType = BorderTypes.Reflect101
)
```

引数

src	入力画像（行列）です。
dst	出力画像（行列）です。入力画像（行列）と同じサイズで同じ型です。
ddepth	出力画像のビット深度です。
ksize	2次微分フィルタを計算する際に利用されるアパーチャサイズです。これは、正の奇数です。
scale	Laplacian 値を求めるための、オプションのスケールファクターです。
delta	dst に格納する前に結果に追加されるオプション値です。
borderType	ピクセル外挿タイプです。

3.4 | Sobel 処理

Sobel フィルタを紹介します。Sobel フィルタもラプラシアンフィルタ同様エッジ検出フィルタの一種です。3.1 節のプログラムからの変更点は、ToolMenuEffect_Click メソッドの網掛け部分を次の 2 行で置き換えるだけです。

```
Cv2.CvtColor(mSrc, dst, ColorConversionCodes.BGR2GRAY);
Cv2.Sobel(dst, dst, -1, 0, 1);
```

本プログラムは、Cv2.Sobel で画像のエッジ検出を行います。Sobel フィルタは、エッジ検出を行いますが、ラプラシアンフィルタなどと異なったオペレータを採用します。

以降に実行例を示します。画像を読み込み、処理した結果を示します。各チャンネルは独立して実行されます。エッジを綺麗に検出しています。

図3.7●入力画像と処理後の画像（Sobel処理）

■ Cv2.Sobel ■

拡張 Sobel 演算子を用いて微分画像を計算します。

```
public static void Sobel (
        InputArray    src,
        OutputArray   dst,
        MatType       ddepth,
        int           xorder,
        int           yorder,
        int           ksize = 3,
        double        scale = 1,
        double        delta = 0,
        BorderTypes   borderType = BorderTypes.Reflect101
)
```

引数

src	入力画像（行列）です。
dst	出力画像（行列）です。src と同じサイズ、同じチャンネル数です。
ddepth	出力画像のビット深度です。
dx	x 方向の微分次数です。
dy	y 方向の微分次数です。
ksize	拡張 Sobel カーネルのサイズです。必ず 1、3、5、7 のいずれかです。
scale	微分値を計算する際の、オプションのスケールファクターです。

delta	dst に格納する前に、結果に足されるオプション値です。
borderType	ピクセル外挿タイプです。どのような外挿法があるかは OpenCV の仕様（BorderTypes）を参照してください。

説明

通常の Sobel フィルタはアパーチャサイズに 3 × 3 を採用します。本関数も引数にアパーチャサイズは存在しません。Sobel 演算子はガウシアンによる平滑化と、微分の重ね合わせ処理です。このため、ノイズに対してある程度頑健です。

3.5 | Canny 処理

Canny フィルタ処理を行います。Canny フィルタもエッジ検出フィルタの一種です。3.1 節のプログラムからの変更点は、ToolMenuEffect_Click メソッドの網掛け部分を次の 2 行で置き換えるだけです。

```
Cv2.CvtColor(mSrc, dst, ColorConversionCodes.BGR2GRAY);
Cv2.Canny(dst, dst, 40.0, 150.0);
```

本プログラムは、画像へ Cv2.Canny で画像のエッジ検出を行います。

以降に実行例を示します。画像を読み込み、処理した結果を示します。エッジを綺麗に検出しています。

図3.8●入力画像と処理後の画像（Canny処理）

■ **Cv2.Canny** ■

Cannyアルゴリズムを使用してエッジを検出します。

```
public static void Canny (
      InputArray    src,
      OutputArray   edges,
      double        threshold1,
      double        threshold2,
      int           apertureSize = 3,
      bool          L2gradient = false
)
```

引数

src	入力画像（行列）です。8ビットシングルチャンネルでなければなりません。
edges	出力画像（行列）です。入力画像（行列）と同じサイズで同じチャンネル数です。
threshold1	1番目の閾値です。
threshold2	2番目の閾値です。
apertureSize	アパーチャサイズです。デフォルトサイズは3です。
L2gradient	画像勾配の強度を求めるために、より精度の高いL2ノルムを利用するか（true）、L1ノルムで十分（false）かを指定します。

説明

引数 threshold1 と threshold2 は、小さい方がエッジ同士を接続するために用いられ、大きい方が強いエッジの初期検出に用いられます。

3.6 │ 画像の膨張

画像の膨張処理を行うプログラムを紹介します。画素の欠損した部分を補う場合などに利用します。後述する画像収縮と併せて使用するとノイズ除去にも応用できます。3.1節のプログラムからの変更点は、ToolMenuEffect_Click メソッドの網掛け部分を次の行で置き換えるだけです。

```
Cv2.Dilate(mSrc, dst, new Mat());
```

　本プログラムは、Cv2.Dilate を使用し画像の膨張処理を行います。Cv2.Dilate は指定したカーネル内から、一番輝度の高い画素を選びます。プログラムは単純ですので、ソースコードと実行結果、それに関数の説明を参照してください。以降に、実行前の画像と実行結果を示します。

図3.9●入力画像と処理後の画像（膨張処理）

■Cv2.Dilate■

　画像の膨張処理を行います。指定した近傍領域から最大値を取り出し、画像の膨張処理を行います。

```
public static void Dilate (
        InputArray          src,
        OutputArray         dst,
        InputArray          element,
        Nullable<Point>     anchor = null,
        int                 iterations = 1,
        BorderTypes         borderType = BorderTypes.Constant,
        Nullable<Scalar>    borderValue = null
)
```

引数

src　　　　　　　　　　入力配列（画像）です。

dst	出力配列（画像）です。入力配列（画像）と同じサイズで同じ型です。
element	膨張に用いられる構造要素です。Mat() を指定した場合、3×3の矩形構造要素が用いられます。
anchor	アンカーポイントです。デフォルト値は Point(-1, -1) で、アンカーがカーネル中心にあることを意味します。
iterations	膨張が行われる回数です。
borderType	ピクセル外挿法です。どのような外挿法があるかは OpenCvSharp のドキュメント（OpenCvSharp.BorderTypes）を参照してください。
borderValue	ボーダーに使用される値です。

3.7 画像の収縮

　画像の収縮処理を行うプログラムを紹介します。画素の細かなゴミを除去するなど、先の膨張処理と組み合わせ、交互に実行することによってノイズ除去などにも応用できます。3.1 節のプログラムからの変更点は、ToolMenuEffect_Click メソッドの網掛け部分を次の行で置き換えるだけです。

```
Cv2.Erode(mSrc, dst, new Mat());
```

　本プログラムは、Cv2.Erode を使用し画像の収縮処理を行います。Cv2.Erode は指定したカーネル内から、最も輝度の低い画素を選びます。プログラムは単純ですので、ソースコードと実行結果、それに関数の説明を参照してください。以降に、実行前の画像と実行結果を示します。

図3.10●入力画像と処理後の画像（収縮処理）

■ Cv2.Erode ■

画像の収縮処理を行います。指定した近傍領域から最小値を取り出し、画像の収縮処理を行います。

```
public static void Erode (
        InputArray         src,
        OutputArray        dst,
        InputArray         element,
        Nullable<Point>    anchor = null,
        int                iterations = 1,
        BorderTypes        borderType = BorderTypes.Constant,
        Nullable<Scalar>   borderValue = null
)
```

引数

src	入力配列（画像）です。
dst	出力配列（画像）です。入力配列（画像）と同じサイズで同じ型です。
element	収縮に用いられる構造要素です。Mat() を指定した場合、3 × 3 の矩形構造要素が用いられます。
anchor	アンカーポイントです。デフォルト値は Point(-1, -1) で、アンカーがカーネル中心にあることを意味します。
iterations	収縮が行われる回数です。
borderType	ピクセル外挿法です。どのような外挿法があるかは OpenCvSharp のド

キュメント（OpenCvSharp.BorderTypes）を参照してください。

borderValue　　ボーダーに使用される値です。

■ InputArray や OutputArray について ■

　OpenCV 2.3 以降では、Mat、vector<T>、vector<vector<T>>、Scalar など、さまざまなものを引数として渡せるようになりました。これは主に実装レベルのクラスであり、そのインターフェースは将来のバージョンでは変更される場合があります。本書では、InputArray や OutputArray を Mat と考えて良いでしょう。メソッドのシンタックスは OpenCvSharp のドキュメントに合わせ、InputArray や OutputArray を使用しています。

3.8 | 2 画面

　本プログラムは、原画像と処理後の画像を比較するため、原画像表示用のフォームのほかに処理後の画像を表示するフォームを追加します。さらに、処理後の画像を表示するフォームで、処理結果を保存できる機能を追加します。本プログラムの画像処理は前章と変わりありません。せっかく OpenCvSharp を使用しますので UI を向上させます。以降に、動作の様子を示します。

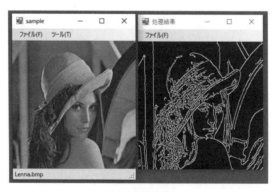

図3.11●動作例

　最初に原画像を表示するフォームの外観を示します。これまでのプログラムと大きな変更はありません。

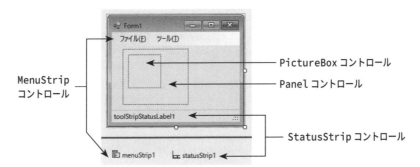

図3.12●原画像表示用フォーム

　このフォームのメニューを示します。

図3.13●メニューの様子

　次に、処理結果を表示するフォームを示します。プロジェクトに処理後の画像を表示するフォームを追加し、各種コントロールを配置します。以降にフォームの外観を示します。

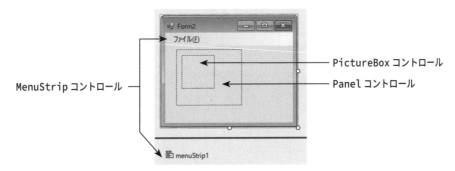

図3.14●処理結果表示用フォーム

メニューには［名前を付けて保存］と［閉じる］の２つのメニュー項目を設定します。

図3.15●メニュー

読み込んだ画像を表示するフォームに対するコードが記述されている Form1.cs を示します。3.1 節のプログラムと大きな違いはないため、変更点を重点的に示します。

リスト3.3●ソースリストの一部（Filters2Form-Form1.cs）

```csharp
    ⋮
public partial class Form1 : Form
{
    private readonly string ttl = "sample";
    private Mat mSrc;
    private readonly Form2 mForm2 = null;

    public Form1()
    {
        InitializeComponent();

        Text = ttl;
        toolSSLbl.Text = "Status";
        panel1.Dock = DockStyle.Fill;              //スクロール対応
        panel1.AutoScroll = true;
        pBox.Location = new System.Drawing.Point(0, 0);

        mForm2 = new Form2();
    }

    // adjust window size
    private void AdjustWinSize(Image img)
    {
        ⋮
    }

    // open file
    private void OpenFile(string fname)
    {
```

```
        Bitmap bmp = null;
        string newfname = fname;

        if (newfname == null)
            return;


        mSrc = Cv2.ImRead(newfname);
        bmp = OpenCvSharp.Extensions.BitmapConverter.ToBitmap(mSrc);


        pBox.Image = bmp;
        AdjustWinSize(pBox.Image);                    // ウィンドウサイズ調整


        toolSSLbl.Text = Path.GetFileName(fname);    //ファイル名表示


        if (mForm2.Validate())
        {
            mForm2.Hide();
        }
    }


    // 「開く」メニュー項目
    private void FileMenuOpen_Click(object sender, EventArgs e)
    {
        try
        {
            CIo cio = new CIo();
            string fname = cio.GetReadFile();
            OpenFile(fname);
        }
        catch (Exception ex)
        {
            MessageBox.Show(ex.Message);
        }
    }


    // 「処理」メニュー項目
    private void ToolMenuEffect_Click(object sender, EventArgs e)
    {
        ⋮
            using (var dst = new Mat())
            {
                Cv2.Blur(mSrc, dst, new OpenCvSharp.Size(11, 11));  // Blur
```

```
                    mForm2.ShowResult(dst);
            }
        ⋮
    }
⋮
```

　本プログラムは、処理結果を別のフォームへ表示します。

　コンストラクターでフォームのタイトルやステータスバーを設定するのは、これまでと同様です。最後に、結果表示用のフォーム Form2 オブジェクト mForm2 を生成します。この時点では生成のみで、表示は行いません。

　OpenFile メソッドは、ファイルの読み込みと表示などをまとめたものです。本メソッドは、［開く］メニュー項目が選択されたときに呼び出される FileMenuOpen_Click から呼ばれます。Cv2.ImRead でファイルを読み込み、Bitmap オブジェクトへ変換する部分などは、これまでと同様です。結果表示のフォームが表示されている場合は、Hide メソッドを呼び出し結果表示のフォームは隠します。

　［開く］メニュー項目が選択されたときに呼び出される FileMenuOpen_Click メソッドは、CIo クラスを利用し対象ファイル名を取り出します。これを引数に OpenFile メソッドを呼び出します。

　［処理］メニュー項目が選択されたときに呼び出される ToolMenuEffect_Click メソッドは、画像処理し、その処理した Mat オブジェクトを引数に Form2 の ShowResult メソッドを呼び出します。

　次に、結果を表示する Form2 に対応するソースコードを示します。Form2 は、画像処理機能は持たず、単に結果表示と保存機能だけを持つ単純なフォームです。

リスト3.4●Form2.cs（Filters2Form）

```
using System;
using System.Drawing;
using System.Windows.Forms;

using ClassLibrary;
using OpenCvSharp;

namespace Filters
{
```

```
public partial class Form2 : Form
{
    private readonly string ttl = "処理結果";
    private Mat mDst;

    public Form2()
    {
        InitializeComponent();

        Text = ttl;
        panel1.Dock = DockStyle.Fill;        //スクロール対応
        panel1.AutoScroll = true;
        pBox.Location = new System.Drawing.Point(0, 0);
    }

    // resize
    private void AdjustWinSize(Image img)
    {
        pBox.Size = img.Size;                //スクロール対応

        // ウィンドウサイズ調整
        ClientSize = new System.Drawing.Size(img.Width,
                        img.Height + menuStrip1.Height);
    }

    //名前を付けて保存
    private void FileMenuSaveAs_Click(object sender, EventArgs e)
    {
        try
        {
            CIo cio = new CIo();
            string fname = cio.GetWriteFile();
            if(fname != null)
            {
                Cv2.ImWrite(fname, mDst);
            }
        }
        catch (Exception ex)
        {
            MessageBox.Show(ex.Message);
        }
    }
```

```
        // 「閉じる」メニュー項目
        private void FileMenuClose_Click(object sender, EventArgs e)
        {
            this.Hide();            //隠す
        }


        // 結果表示
        public void ShowResult(Mat dst)
        {
            mDst = dst.Clone();
            pBox.Image = OpenCvSharp.Extensions.BitmapConverter.ToBitmap(mDst);
            AdjustWinSize(pBox.Image);
            Show();
        }


        // ×ボタン
        private void Form2_FormClosing(object sender, FormClosingEventArgs e)
        {
            this.Hide();            //隠す
            e.Cancel = true;
        }
    }
}
```

このフォームでも CIo クラスを使用するため、using ClassLibrary; を追加します。

コンストラクターでフォームのタイトルやステータスバーを設定します。Panel コント
ロールの Dock プロパティを設定し、パネルがクライアント全面を覆うようにします。次に、
Panel コントロールの AutoScroll プロパティを true に設定し、次に、PictureBox コン
トロールの位置を左上隅に合わせます。先ほどのフォーム同様、PictureBox コントロールの
サイズが Panel コントロールより大きくなると自動でスクロールバーが現れるようにします。

AdjustWinSize メソッドは、自身で新規に追加したメソッドです。引数の Image オブジェ
クトのサイズが表示できるように、フォームのサイズを変更します。

［名前を付けて保存］メニュー項目が選択されたときに、制御が渡ってくるのが
FileMenuSaveAs_Click メソッドです。例外を捕捉するために try{} & catch{} で囲みま
す。CIo クラスを使って、書き込み対象ファイル名を取得します。このファイル名を使って
Cv2.ImWrite でファイルを書き込みます。

　［閉じる］メニュー項目を選択すると FileMenuClose_Click メソッドへ制御が渡ってきます。Hide メソッドを呼び出し、フォームを隠します。このプログラムは、結果表示を閉じてもフォーム自体が閉じられるわけではなく隠すだけです。

　ShowResult メソッドは、Form1 から呼び出される public メソッドです。引数で渡された Mat オブジェクトを Bitmap オブジェクトへ変換し表示します。

　ウィンドウのクローズボタン（☒）が押されるなど何らかの理由でフォームが閉じられようとすると、Form2_FormClosing メソッドへ制御が渡ります。Hide メソッドを呼び出し、フォームを隠したあと、引数の FormClosingEventArgs の Cancel プロパティに true を設定します。このようにすると、クローズボタンを押してもフォームは閉じられず隠されるだけです。このようにしないと、［閉じる］メニュー項目を選択したときとクローズボタンを押したときの処理に相違が出てしまいます。具体的には、このメソッドを処理しないとクローズボタンを押したときに Form2 が破棄されてしまいます。

■Cv2.ImWrite■

　画像をファイルに保存します。画像フォーマットは指定したファイル名の拡張子で決定されます。

```
public static bool ImWrite (
        string  fileName,
        Mat     img,
        int[]   prms = null
)
```

引数

filename	画像ファイルの名前です。
img	保存する画像（行列）です。
params	オプションの引数です。ペアで指定されたフォーマット固有のパラメーターです。

説明

　このメソッドには多くのオーバーロードが存在しますので詳細については OpenCvSharp のドキュメントを参照してください。

3.9 ドラッグ & ドロップ

　本プログラムは、原画像を表示するフォームに画像ファイルをドラッグ & ドロップできる
ようにします。以降に、動作の様子を示します。

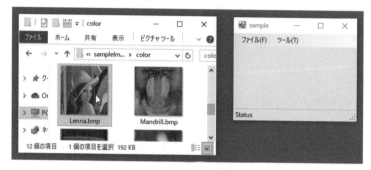

図3.16●画像を選ぶ

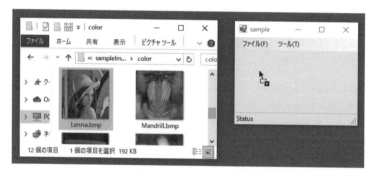

図3.17●画像をドラッグ

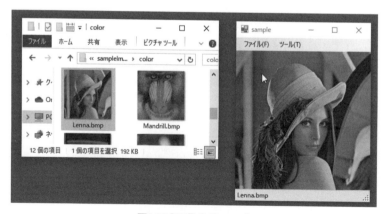

図3.18●画像をドロップ

読み込んだ画像を表示するフォームに対するコードが記述されている Form1.cs を示します。これまでのプログラムと大きな違いはないため、変更点を重点的に示します。

リスト3.5●ソースリストの一部（Filters2FormDrop-Form1.cs）

```
    ⋮
public Form1()
{
    InitializeComponent();

    Text = ttl;
    toolSSLbl.Text = "Status";
    panel1.Dock = DockStyle.Fill;              //スクロール対応
    panel1.AutoScroll = true;
    pBox.Location = new System.Drawing.Point(0, 0);

    AllowDrop = true;
    DragEnter += new DragEventHandler(Form1_DragEnter);
    DragDrop += new DragEventHandler(Form1_DragDrop);

    mForm2 = new Form2();
}

    ⋮

// 「処理」メニュー項目
private void ToolMenuEffect_Click(object sender, EventArgs e)
{
    ⋮
}

//ドラッグエンター
private void Form1_DragEnter(object sender, DragEventArgs e)
{
    if (e.Data.GetDataPresent(DataFormats.FileDrop))
        e.Effect = DragDropEffects.All;
    else
        e.Effect = DragDropEffects.None;
}

//ドロップ
private void Form1_DragDrop(object sender, DragEventArgs e)
```

```
    {
        try
        {
            string[] fname = (string[])e.Data.GetData(
                                    DataFormats.FileDrop, false);
            OpenFile(fname[0]);
        }
        catch (Exception ex)
        {
            MessageBox.Show(ex.Message);
        }
    }
    ⋮
```

本プログラムは、ファイルのドラッグ＆ドロップに対応します。

コンストラクターでフォームのタイトルやステータスバーを設定するのは、これまでと同様です。本プログラムは画像ファイルのドラッグ＆ドロップにも対応するため、それに対応するコードを追加します。まず、フォームにファイルなどのドロップを許すために、AllowDrop プロパティを true に設定します。次に、フォームの DragEnter と DragDrop イベントに対応するメソッドを登録します。これらはコンストラクター内ではなく、フォームのデザイン時に設定しても構いません。最後に、結果表示用のフォーム Form2 オブジェクト mForm2 を生成します。この時点では生成のみで、表示は行いません。

Form1_DragEnter メソッドは、何かをフォーム上にドラッグしたときに制御が渡ります。ドラッグされたものがファイルであれば受け取るようにマウスの形状を変更します。

Form1_DragDrop メソッドは、何かをフォーム上にドロップしたときに制御が渡ります。複数の項目がドロップされたら先頭の項目のみを使用し、OpenFile メソッドを呼び出して画像ファイルを読み込みます。

3.10 ユーザーインターフェースと OpenCvSharp を分離

　本プログラムは、ユーザーインターフェースと OpenCvSharp に関するコードを分離します。これまでのプログラムは Form に対応したソースファイルで、OpenCvSharp を参照しており、ユーザーインターフェースと OpenCV が混在していました。本プログラムは、OpenCV をクラス内に封じ込め、ユーザーインターフェースと OpenCV を完全に分離し、プログラムを読みやすくするとともにメンテナンス性の向上も目指します。

　Form は従来の C# で開発したプログラムと同様とし、クラスは OpenCV の共通機能を実現したメソッドなどで構成されたベースクラスと特定のアプリケーションソフトウェアに依存した派生クラスから成り立ちます。OpenCV に対応したクラスの構造を図に示します。

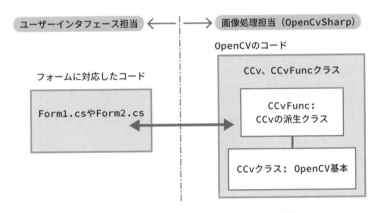

図3.19●ソースファイルの対応とクラスの構造

　共通に使われる機能を、基本クラス（ベースクラスとも呼ぶ）の CCv クラスに実装し、各プログラム特有の機能を CCv クラスの派生クラスである CCvFunc クラスに実装します。

　読み込んだ画像を表示するフォームに対するコードが記述されている Form1.cs を示します。これまでのプログラムと異なる部分のみを示します。

リスト3.6●ソースリストの一部（Filters2Final-Form1.cs）

```
using System;
using System.IO;
using System.Drawing;
using System.Windows.Forms;
```

```
using CCvLibrary;

namespace Sample
{
    public partial class Form1 : Form
    {
        private readonly string ttl = "sample";
        private readonly Form2 mForm2 = null;
        private CCvFunc ccvfunc = null;

        public Form1()
        {
            ⋮
            mForm2 = new Form2();

            ccvfunc = new CCvFunc();
        }

        ⋮

        // open file
        private void OpenFile(string fname = null)
        {
            Bitmap bmp;
            string nfname = fname;

            (nfname, bmp) = ccvfunc.OpenFileCv(fname);
            if (bmp == null)
            {
                return;
            }
            ⋮
        }

        // 「開く」メニュー項目
        private void FileMenuOpen_Click(object sender, EventArgs e)
        {
            try
            {
                OpenFile();
            }
```

```
            ⋮
        }

        // 「処理」メニュー項目
        private void ToolMenuEffect_Click(object sender, EventArgs e)
        {
            try
            {
                if (pBox.Image == null)          // 読み込んでいるか
                    return;

                Cursor = Cursors.WaitCursor;

                mForm2.DoCvShow(ccvfunc);
            }
            ⋮
        }
        ⋮
```

　本プログラムは、ユーザーインターフェースと OpenCvSharp に関するコードを分離します。このため、using OpenCvSharp; がなくなり、開発したクラスを利用するための using CCvLibrary; を追加します。using OpenCvSharp; がなくなることは、本ソースファイルが OpenCvSharp を使用しないことを示します。

　コンストラクター内でフォームのタイトルやステータスバーを設定するのは、これまでと同様です。コンストラクターの最後で、CCv クラスの派生クラス CCvFunc をインスタンス化します。

　OpenFile メソッドは、ファイルの読み込みと表示などをまとめたものです。これまでは CIo クラスを利用していましたが、本プログラムはコンストラクターでインスタンス化した CCvFunc クラス ccvfunc の OpenFileCv メソッドを使用します。

　[開く] メニュー項目が選択されたときに呼び出される FileMenuOpen_Click メソッドも単純化され、OpenFile メソッドを呼び出すだけです。

　[処理] メニュー項目が選択されたときに呼び出される ToolMenuEffect_Click メソッドは、CCvFunc クラスのインスタンスを引数に Form2 の DoCvShow メソッドを呼び出します。

　処理結果を表示するフォームに対するコードが記述されている Form2.cs を示します。これまでのプログラムと異なる部分を示します。

リスト3.7●ソースリストの一部 (Filters2Final-Form2.cs)

```csharp
using System;
using System.Drawing;
using System.Windows.Forms;

using CCvLibrary;

namespace Sample
{
    public partial class Form2 : Form
    {
        private readonly string ttl = "処理結果";
        private CCvFunc mCcvfunc = null;

            ⋮

        //名前を付けて保存
        private void FileMenuSaveAs_Click(object sender, EventArgs e)
        {
                ⋮
                mCcvfunc.SaveAS();
                ⋮
        }

            ⋮

        // 処理&表示
        public void DoCvShow(CCvFunc ccvfunc)
        {
            mCcvfunc = ccvfunc;

            Bitmap bmp = mCcvfunc.DoCvFunction();
            if(bmp!=null)
            {
                pBox.Image = bmp;
                AdjustWinSize(pBox.Image);
                Show();
            }
        }
            ⋮
```

　Form1 と同様、本プログラムは、ユーザーインターフェースと OpenCvSharp に関するコードを分離します。このため、using OpenCvSharp; がなくなり、開発したクラスを利用するための using CCvLibrary; を追加します。Form1 から渡される CCvFunc クラスのインスタンスを保持するため、private フィールド mCcvfunc を宣言します。

　［名前を付けて保存］メニュー項目が選択されたときに制御が渡るのが FileMenuSaveAs_Click メソッドです。単純に mCcvfunc の SaveAS メソッドを呼び出すだけです。実際にOpenCvSharp を使用して保存する処理はクラスにカプセル化されます。

　DoCvShow メソッドは、Form1 で［処理］メニュー項目が選択されたときに呼び出されます。渡された CCvFunc クラスのインスタンスを mCcvfunc へ保存したのち、DoCvFunction メソッドを呼び出し、受け取った Bitmap オブジェクトを表示します。処理自体は DoCvFunctionメソッドで行われます。

　CCvFunc クラスの SaveAS メソッドや DoCvFunction メソッドは、これまでのプログラムのフォームに対応したソースコードで実行していたものを、クラス内へ移動しただけです。このようにクラスを利用すると、同じコードを何回も記述する必要はなくなります。

　以降に CCvFunc クラスのソースコードを示します。

リスト3.8●CCvFunc.cs（Filters2Final）

```
using System;
using System.Collections.Generic;
using System.Linq;
using System.Text;
using System.Threading.Tasks;

using System.Drawing;
using OpenCvSharp;

namespace CCvLibrary
{
    public class CCvFunc : CCv
    {
        //----------------------------------------------------------------
        // コンストラクタ
        public CCvFunc() : base()
        {
        }
```

```
//-------------------------------------------------------------
// OpenCVを使用して処理
public Bitmap DoCvFunction()
{
    mDst = new Mat();
    Cv2.Blur(mSrc, mDst, new OpenCvSharp.Size(5, 5));          // Blur
    return OpenCvSharp.Extensions.BitmapConverter.ToBitmap(mDst);
}
    }
}
```

　単純に、3.1 節「ブラー処理」のプログラムをクラス化しただけです。DoCvFunction メソッドの内容を書き換えるだけで、いろいろな画像処理へ対応できます。

■ CCv クラス ■

　基本的な機能を本クラスに実装します。特に新規の機能はありませんので、紙面の都合も考えソースコードは示さず、機能だけを説明します。表に、このクラスに属するメソッドやメンバの一覧を示します。後続の章で使用する機能までサポートしています。このため、本章では使用しないメソッドも含みます。

表3.1●protectedフィールド

フィールド	説明
Mat mSrc	入力画像を保持する Mat オブジェクトです。
Mat mDst	処理結果を保持する Mat オブジェクトです。

■ CCv クラスの private メソッド ■

string GetReadFile (string filter)

引数

filter　　　読み込むファイル名に設定するフィルタです。デフォルト値は「"画像ファイル(*.jpg,*.bmp,*.png)|*.jpg;*.bmp;*.png| すべてのファイル(*.*)|*.*"」です。

> **説明**

　filter を指定し、読み込もうとするファイル名を取得します。デフォルトの filter を使用したくない場合は、引数に filter を指定します。

```
string GetWriteFile ( string filter )
```

> **引数**

filter　　　　書き込むファイル名に設定するフィルタです。デフォルト値は「" 画像ファイル (*.jpg,*.bmp,*.png)|*.jpg;*.bmp;*.png| すべてのファイル (*.*)|*.*"」です。

> **説明**

　filter を指定し、書き込むファイル名を取得します。デフォルトの filter を使用したくない場合は、引数に filter を指定します。

■ CCv クラスの public メソッド ■

```
( string, Bitmap ) OpenFileCv ( string fname )
```

> **説明**

　画像ファイルを開き、そのファイル名と Bitmap オブジェクトを返します。引数の fname が null の場合はファイルを開くダイアログを表示し、使用者にファイルを選択させます。そうでなければ、fname に設定されているファイルを読み込みます。

```
void SaveAS ()
```

> **説明**

　名前を付けてファイルを保存するダイアログを表示させ、格納ファイル名を使用者に決定させます。そのファイル名で protected フィールド mDst を格納します。

```
Mat CreateCosMat ( int rows, int cols )
```

説明

　画像を合成するための Mat オブジェクトを生成します。詳細については、5.6 節「重みを付けて 2 つの画像加算」を参照してください。

```
Mat MulMat ( Mat mat, Mat table )
```

説明

　2 つの Mat オブジェクトを乗算します。詳細については、5.6 節「重みを付けて 2 つの画像加算」を参照してください。

```
Bitmap doChgObjsGausian( Mat dst, List<Rectangle> ListRect, int toSmall)
```

説明

　ガウス関数を利用し、渡された Mat オブジェクトを変形します。詳細については、7.4 節「オブジェクトのサイズを変更・ガウス関数」を参照してください。

　なお、Bitmap と Rectangle は、System.Drawing 名前空間の Rectangle です。

```
float gaussf ( float x, float a, float mu, float sigma )
```

説明

　ガウス関数を実現するメソッドです。詳細については、7.4 節「オブジェクトのサイズを変更・ガウス関数」を参照してください。

```
Bitmap DoChgObjs ( Mat src, Mat dst, List<Rectangle> ListRect, float scale)
```

説明

　渡された 2 つの Mat オブジェクトを変形させ、さらに合成します。

　なお、Bitmap と Rectangle は、System.Drawing 名前空間の Rectangle です。

```
Rect ClipIt ( Size size, Rect rect )
```

説明

引数の size が引数の rect に納まるようにクリッピングし、結果の Rect オブジェクトを返します。なお、Size は OpenCvSharp 名前空間の Size です。

説明が必要なメソッドについては、該当する章で説明しています。このため。ここではソースコードは示しません。

3.11 | ガンマ補正

画像のガンマ補正を行うプログラムを紹介します。これまでのプログラムと異なるのは派生クラスの CCvFunc.cs のみですので、本ソースリストのみを示します。

リスト3.9●CCvFunc.cs（Gamma）

```csharp
using System;
using System.Drawing;
using OpenCvSharp;

namespace CCvLibrary
{
    public class CCvFunc : CCv
    {
        //----------------------------------------------------------------
        // コンストラクタ
        public CCvFunc() : base()
        {
        }

        //----------------------------------------------------------------
        // OpenCVを使用して処理
        public Bitmap DoCvFunction()
        {
            double gamma = 2.0;                     // create LUT
```

```
        sbyte[] lut = new sbyte[256];
        for (int i = 0; i <= 255; i++)
        {
            lut[i] = (sbyte)(Math.Pow((double)i / 255.0, 1 / gamma) * 255.0);
        }
        Mat lutMat = new Mat(1, 256, MatType.CV_8UC1, lut);

        mDst = new Mat();
        Cv2.LUT(mSrc, lutMat, mDst);            // Gamma

        return OpenCvSharp.Extensions.BitmapConverter.ToBitmap(mDst);
    }
  }
}
```

　ガンマ補正は、ルックアップテーブル（Lookup Table、LUT）を作成し、元の画素から LUT を引くことによって補正を行います。ガンマ補正では、補正値を γ、補正前の輝度値を src、補正後の輝度値を dst とすると、補正式は以下の示すようになります。

$$\mathrm{dst} = \left(\frac{\mathrm{src}}{255}\right)^{1/\gamma} \times 255$$

　この式をすべての画素に対して実行しても構いませんが、非常に効率が悪いです。上記の値を計算し、画素値が取りうる数の配列を作り、そこへ上記の値を設定します。画素値で、そのテーブルを参照すると計算量が格段に減少します。前式は、先のプログラムの

```
lut[i] = (sbyte)(Math.Pow((double)i / 255.0, 1 / gamma) * 255.0);
```

に対応します。

　補正値 γ は、変数 gamma を使用しますが、式としてはまったく同じであることが分かるでしょう。この配列を Mat オブジェクトへ変換し、Cv2.LUT でガンマ補正を行います。この例では γ に 2.0 を採用しますが、この値を画像に合わせて適切に変更すると良好な結果を得られます。

以降に、実行例を示します。

図3.20●実行例

■Cv2.LUT■

ルックアップテーブルを使用して数値の配列を変換します。たとえば、dst(i) = lut(src(i)) のように変換します。

```
public static void LUT (
        InputArray    src,
        InputArray    lut,
        OutputArray   dst
)
```

引数

src 入力画像（行列）です。要素は 8 ビットです。

lut 256 要素のルックアップテーブルです。入力がマルチチャンネルで、テーブルがシングルチャンネルの場合、すべてのチャンネルに同じテーブルが使用されます。または、入力配列と同じ数のチャンネルが必要です。

dst 出力画像（行列）です。src と同じサイズ、同じチャンネル数、および lut と同じ depth です。

第4章

アフィン変換

単純な座標変換プログラムを紹介します。UI などは前章と同じです。

4.1 | フリップ

画像をフリップするプログラムを開発します。プログラムの機能を簡単に図で説明します。

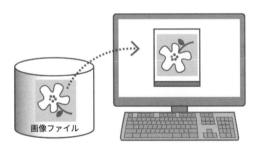

図4.1●プログラムの概要

前章のプログラムと異なるのは派生クラスの CCvFunc.cs のみですので、本ソースリストのみを示します。

リスト4.1●CCvFunc.cs（Flip）

```csharp
using OpenCvSharp;

namespace CCvLibrary
{
    public class CCvFunc : CCv
    {
        //----------------------------------------------------------------
        // コンストラクタ
        public CCvFunc() : base()
        {
        }


        //----------------------------------------------------------------
        // OpenCVを使用して処理
        public System.Drawing.Bitmap DoCvFunction()
        {
            mDst = new Mat();
            Cv2.Flip(mSrc, mDst, FlipMode.X);    // x 軸周りでの反転（上下反転）
            return OpenCvSharp.Extensions.BitmapConverter.ToBitmap(mDst);
        }
    }
}
```

　画像のフリップは Cv2.Flip で行います。どのようにフリップするかは、引数によって変わります。まず、変換後の画像を保持する mDst フィールドをインスタンス化します。次に、Cv2.Flip に入力画像、変換後の画像を格納する Mat オブジェクト、そしてフリップの方法を示すフラグを指定します。最後に、変換した画像を Bitmap オブジェクトへ変換して、呼び出し元へ返します。

　このプログラムでは、フリップのフラグに FlipMode.X を指定し、x 軸周りでの反転（上下反転）を行います。y 軸周りでの反転（左右反転）したい場合は以下のように、

```csharp
Cv2.Flip(mSrc, mDst, FlipMode.Y);    //y 軸周りでの反転（左右反転）
```

両軸周りでの反転したい場合は以下のように、

```csharp
Cv2.Flip(mSrc, mDst, FlipMode.XY);   // 両軸周りでの反転
```

指定してください。

　実行例を示します。プログラムを起動し、［ファイル▶開く］を選択し、読み込む画像を指定します。画像を読み込むと、自動でウィンドウが画像を表示できるサイズに変更されます。［ツール▶効果］を選択し、画像をフリップします。

図4.2●画像をフリップ

Cv2.Flip

2次元行列を垂直、水平、または両軸で反転します。

```
public static void Flip (
        InputArray    src,
        OutputArray   dst,
        FlipMode      flipCode
)
```

引数

src　　　　　入力画像（行列）です。

dst　　　　　出力画像（行列）です。srcと同じサイズ、同じ型です。

flipCode　　画像（行列）のフリップ方向です。

flipCode	フリップ方向
FlipMode.X	x軸周りでの反転（上下反転）
FlipMode.Y	y軸周りでの反転（左右反転）
FlipMode.XY	両軸周りでの反転

4.2 | リサイズ

画像をリサイズするプログラムを紹介します。前節のプログラムと異なるのは CCvFunc.cs の DoCvFunction メソッドのみですので、その部分だけ示します。

リスト4.2●DoCvFunctionメソッド（Resize-CCvFunc.cs）

```
public System.Drawing.Bitmap DoCvFunction()
{
    mDst = new Mat();
    Cv2.Resize(mSrc, mDst, new OpenCvSharp.Size(), .5, .5);
    return OpenCvSharp.Extensions.BitmapConverter.ToBitmap(mDst);
}
```

画像のリサイズは Cv2.Resize で行います。拡大縮小は、第4引数、第5引数に倍率を与えることによって行います。サイズ変更時の補間は、デフォルトのバイリニア補間が使われます。この例では、縦横ともに元の画像を 0.5 倍、つまり、元の画像の半分の大きさに縮小します。以降に、実行結果を示します。

図4.3●処理結果

■ Cv2.Resize ■

画像（行列）をリサイズします。

```
public static void Resize (
        InputArray            src,
        OutputArray           dst,
        Size                  dsize,
        double                fx = 0,
        double                fy = 0,
        InterpolationFlags    interpolation = InterpolationFlags.Linear
)
```

引数

src	入力画像（行列）です。
dst	出力画像（行列）です。このサイズは、dsize（0以外の場合）、または src.size()、fx および fy から算出される値になります。また、dst の型は、src と同じです。
dsize	出力画像（行列）のサイズです。もし、0の場合、以下の計算式で算出します。 dsize = Size(round(fx*src.cols), round(fy*src.rows)) dsize または fx と fy の両方がゼロ以外でなければなりません。
fx	オプションの引数です。水平軸方向のスケールファクターです。0の場合、次の様に計算されます。 (double)dsize.width/src.cols
fy	オプションの引数です。垂直軸方向のスケールファクターです。0の場合、次の様に計算されます。 (double)dsize.height/src.rows
interpolation	補間手法です。

4.3 | 回転

画像を回転するプログラムを紹介します。4.1 節のプログラムと異なるのは CCvFunc.cs の DoCvFunction メソッドのみですので、その部分だけ示します。

リスト4.3●DoCvFunctionメソッド（Rotate-CCvFunc.cs）

```
public System.Drawing.Bitmap DoCvFunction()
{
    mDst = new Mat();
    Point2f center = new Point2f(mSrc.Cols / 2,mSrc.Rows / 2);
    float angle = 33.3f;
    Mat affineTrans = Cv2.GetRotationMatrix2D(center, angle, 1.0);
    Cv2.WarpAffine(mSrc, mDst, affineTrans, mSrc.Size(), InterpolationFlags.Cubic);
    return OpenCvSharp.Extensions.BitmapConverter.ToBitmap(mDst);
}
```

DoCvFunction メソッドは、画像の回転を行います。本メソッドは Cv2.GetRotationMatrix2D メソッドに、回転の原点、回転角度、そしてスケーリング値を指定し、得られた行列を Cv2.WarpAffine メソッドへ与えるだけです。

まず、Point2f の center へ画像の中心座標を設定します。次に、float の angle へ回転角度を格納します。

回転そのものは、Cv2.WarpAffine で行います。Cv2.WarpAffine は引数に、2×3 の行列を渡すことによって回転処理を行います。この 2×3 の行列を得るために、Cv2.GetRotationMatrix2D に、回転の原点、回転角度、そしてスケーリング値を指定します。すると、画像回転に使用する 2×3 の2次元回転のアフィン変換行列を取得できます。Mat オブジェクト affineTrans は、スケーリング値が 1.0、回転角度が θ、そして原点が (X_a, Y_a) の場合、以下のような値が設定されます。

$$\text{affineTrans} = \begin{vmatrix} \cos\theta & -\sin\theta & X_a \\ \sin\theta & \cos\theta & Y_a \end{vmatrix}$$

θ は反時計方向への回転角度です。Cv2.WarpAffine で実際の回転を行います。上記の行列式から、任意の点 (X_a, Y_a) を中心に、(x, y) を θ だけ反時計方向に回転したときの新しい座標 (X, Y) は、次の式で表すことができます。これは順方向です。

$$X = \ \ (x - X_a)\cos\theta + (y - Y_a)\sin\theta + X_a$$
$$Y = -(x - X_a)\sin\theta + (y - Y_a)\cos\theta + Y_a$$

逆変換は次の式で表すことができます。画像を回転させるということは、出力画像の各ピクセル値を入力画像中のピクセルから以下の式に従ってサンプリングすることと等価です。

$$x = (X - X_a)\cos\theta - (Y - Y_a)\sin\theta + X_a$$
$$y = (X - X_a)\sin\theta + (Y - Y_a)\cos\theta + Y_a$$

実際には、Cv2.WarpAffine にはスケーリングや補間方法も指定できるため、もっと複雑な処理を行っています。

以降に、実行結果を示します。

図4.4●処理結果

■Cv2.GetRotationMatrix2D■

2次元回転のアフィン変換行列を計算します。

```
public static Mat GetRotationMatrix2D (
        Point2f   center,
        double    angle,
        double    scale
)
```

center	入力画像（行列）における回転中心座標です。
angle	度単位で表される回転角度です。回転は反時計回り方向です。
scale	等方性スケール係数です。

2 × 3 の Mat オブジェクトを返します。

Cv2.WarpAffine

画像にアフィン変換を適用します。

```
public static void WarpAffine (
        InputArray          src,
        OutputArray         dst,
        InputArray          m,
        Size                dsize,
        InterpolationFlags  flags = InterpolationFlags.Linear,
        BorderTypes         borderMode = BorderTypes.Constant,
        Nullable<Scalar>    borderValue = null
)
```

src	入力画像（行列）です。
dst	出力画像（行列）です。サイズは dsize で型は src と同じです。
m	2 × 3 の変換行列です。
dsize	出力画像（行列）のサイズです。
flags	オプションの引数です。補間手法などを示すオプションフラグです。WarpInverseMap を指定すると、m を逆変換（dst → src）と見なします。
borderMode	オプションの引数です。ピクセル外挿法です。Transparent の場合、対応する画素がハズレ値であれば変更されません。
borderValue	オプションの引数です。ボーダーに使用される値です。デフォルトは 0 です。

4.4 透視投影

画像へ透視投影を行うプログラムを紹介します。OpenCvSharp を使用すると、容易に透視投影を処理できます。4.1 節のプログラムと異なるのは CCvFunc.cs の DoCvFunction メソッドのみですので、その部分だけ示します。

リスト4.4●DoCvFunctionメソッド（Perspective-CCvFunc.cs）

```
public System.Drawing.Bitmap DoCvFunction()
{
    float x0 = (float)(mSrc.Cols / 4);
    float x1 = (float)((mSrc.Cols / 4) * 3);
    float y0 = (float)(mSrc.Rows / 4);
    float y1 = (float)((mSrc.Rows / 4) * 3);
    Point2f[] srcPoint = {
                new Point2f(x0, y0),
                new Point2f(x0, y1),
                new Point2f(x1, y1),
                new Point2f(x1, y0)
    };
    Point2f[] dstPoint = new Point2f[4];
    int xMergin = mSrc.Cols / 10;
    int yMergin = mSrc.Rows / 10;
    dstPoint[0] = new Point2f(x0 + xMergin, y0 + yMergin);
    dstPoint[1] = srcPoint[1];
    dstPoint[2] = srcPoint[2];
    dstPoint[3] = new Point2f(x1 - xMergin, y0 + yMergin);
    Mat perspectiveMmat = Cv2.GetPerspectiveTransform(srcPoint, dstPoint);
    mDst = new Mat();
    Cv2.WarpPerspective(mSrc, mDst, perspectiveMmat, mSrc.Size(),
                                            └ InterpolationFlags.Cubic);
    return OpenCvSharp.Extensions.BitmapConverter.ToBitmap(mDst);
}
```

本プログラムは、固定の透視投影を行います。座標の概要を図に示します。

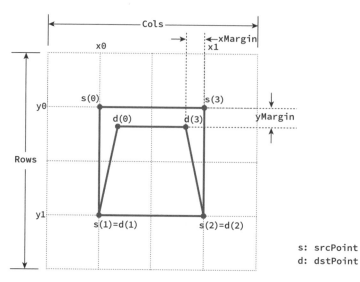

図4.5●座標の概要

　座標を Cv2.GetPerspectiveTransform へ与え Mat オブジェクトを求めます。それを Cv2.WarpPerspective の引数に使用し、透視投影変換を行います。

　以降に、実行結果を示します。

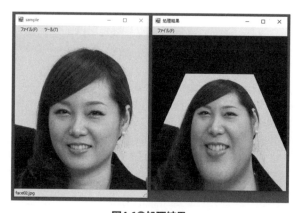

図4.6●処理結果

Cv2.GetPerspectiveTransform

対応する点の 4 つのペアから透視変換を計算します。この関数は、透視変換の 3 × 3 行列を計算し、それを返します。

```
public static Mat GetPerspectiveTransform (
        IEnumerable<Point2f>  src,
        IEnumerable<Point2f>  dst
)
```

引数

src　　　入力画像上の四角形の頂点の座標です。

dst　　　出力画像上の対応する四角形の頂点の座標です。

Cv2.WarpPerspective

画像に透視変換を適用します。4 つの対応座標から、画像に透視変換を行います。

```
public static void WarpPerspective (
        InputArray          src,
        OutputArray         dst,
        InputArray          m,
        Size                dsize,
        InterpolationFlags  flags = InterpolationFlags.Linear,
        BorderTypes         borderMode = BorderTypes.Constant,
        Nullable<Scalar>    borderValue = null
)
```

引数

src　　　　　入力画像（行列）です。

dst　　　　　出力画像（行列）です。サイズは dsize で型は src と同じです。

m　　　　　　3 × 3 の変換行列です。

dsize　　　　出力画像のサイズです。

flags　　　　オプションの引数です。補間法を指定する Linear か Nearest を指定します。また、WarpInverseMap を追加で指定すると、m は逆変換（dst → src）となります。

borderMode　　　オプションの引数です。ピクセル外挿法を指定します。指定できるのは、Constant または Replicate です。

borderValue　　　オプションの引数です。対応のとれない画素に設定する値です。デフォルトは0です。

第5章

画像合成

画像を合成するプログラムをいくつか紹介します。マスクやROI（Region Of Interest）を使用して、一部のエリアだけを処理対象とする例や画素に重み付けをして、画像をブレンドする例も紹介します。

5.1 | 2つの画像を加算

2つの画像を加算するプログラムを紹介します。2つの画像を開いて、それらを加算して結果を表示します。画像ファイルはドロップ、あるいはメニューから［開く］を選択します。2つの画像サイズは同じでなければなりません。

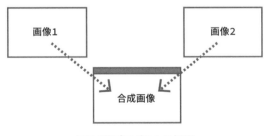

図5.1●プログラムの概要

画像処理の説明に先立ち、フォームを簡単に説明します。本プログラムのフォームは1つだけです。

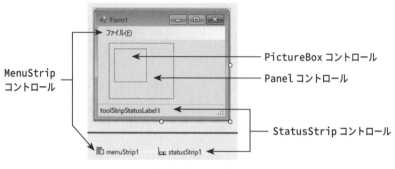

図5.2●フォーム

フォームには、StatusStrip、MenuStrip、Panel、および PictureBox の4つのコントロールを配置します。スクロールバー表示を行うので、PictureBox コントロールは Panel コントロールの上に配置します。

メニューを以降に示します。メニューに対応するメソッドは、メニュー項目をダブルクリックすると、自動的にメソッドが定義され、該当のソースファイル部分へカーソルが移動します。その部分に、適宜コードを記述します。

図5.3●メニュー

以降に、ソースリストを示します。

リスト5.1●Form1.cs（Add）

```
using System;
using System.IO;
using System.Collections.Generic;
using System.Drawing;
using System.Windows.Forms;

using CCvLibrary;
```

```
namespace Sample
{
    public partial class Form1 : Form
    {
        private readonly string ttl = "sample";
        private List<string> mFname;
        private CCvFunc ccvfunc = null;

        public Form1()
        {
            InitializeComponent();

            Text = ttl;
            toolSSLbl.Text = "Status";
            panel1.Dock = DockStyle.Fill;              //スクロール対応
            panel1.AutoScroll = true;
            pBox.Location = new System.Drawing.Point(0, 0);

            AllowDrop = true;
            DragEnter += new DragEventHandler(Form1_DragEnter);
            DragDrop += new DragEventHandler(Form1_DragDrop);

            mFname = new List<string>();
            ccvfunc = new CCvFunc();
        }

        // adjust window size
        private void AdjustWinSize(Image img)
        {
            //スクロール対応
            pBox.Size = img.Size;

            // ウィンドウサイズ調整
            ClientSize = new System.Drawing.Size(img.Width, img.Height
                        + menuStrip1.Height + statusStrip1.Height);
        }

        // open file
        private void OpenFile(string fname = null)
        {
            Bitmap bmp;
            string nfname = fname;
```

```
            (nfname, bmp) = ccvfunc.OpenFileCv(fname);
            if (bmp == null)
            {
                return;
            }
            mFname.Add(nfname);
            if (mFname.Count > 2)
            {
                mFname.RemoveAt(0);
            }

            if (mFname.Count == 2)
            {
                toolSSLbl.Text = Path.GetFileName(mFname[0]) + " + "
                        + Path.GetFileName(mFname[1]);        //ファイル名表示
                ToolMenuEffect_Click(null, null);
            }
            else
            {
                toolSSLbl.Text = Path.GetFileName(mFname[0]);
            }
        }

        // 「開く」メニュー項目
        private void FileMenuOpen_Click(object sender, EventArgs e)
        {
            try
            {
                OpenFile();
            }
            catch (Exception ex)
            {
                MessageBox.Show(ex.Message);
            }
        }

        // 「処理」メニュー項目
        private void ToolMenuEffect_Click(object sender, EventArgs e)
        {
            try
            {
```

```
                Cursor = Cursors.WaitCursor;

                Bitmap bmp = ccvfunc.DoCvFunction(mFname);
                if (bmp == null)
                {
                    MessageBox.Show("error", "size error");
                    return;
                }

                pBox.Image = bmp;
                pBox.Size = pBox.Image.Size;

                AdjustWinSize(pBox.Image);        // ウィンドウサイズ調整
            }
            catch (Exception ex)
            {
                MessageBox.Show(ex.Message);
            }
            finally
            {
                Cursor = Cursors.Default;
            }
        }

        // 「名前を付けて保存」メニュー項目
        private void FileMenuSaveAs_Click(object sender, EventArgs e)
        {
            try
            {
                if(pBox.Image!=null)
                {
                    ccvfunc.SaveAS();
                }
            }
            catch (Exception ex)
            {
                MessageBox.Show(ex.Message);
            }
        }

        //ドラッグエンター
        private void Form1_DragEnter(object sender, DragEventArgs e)
```

```
        {
            if (e.Data.GetDataPresent(DataFormats.FileDrop))
                e.Effect = DragDropEffects.All;
            else
                e.Effect = DragDropEffects.None;
        }

        //ドロップ
        private void Form1_DragDrop(object sender, DragEventArgs e)
        {
            try
            {
                string[] fname = (string[])e.Data.GetData(
                                    DataFormats.FileDrop, false);
                foreach(var name in fname)
                {
                    OpenFile(name);
                }
            }
            catch (Exception ex)
            {
                MessageBox.Show(ex.Message);
            }
        }

        // 「閉じる」メニュー項目
        private void FileMenuClose_Click(object sender, EventArgs e)
        {
            Close();
        }
    }
}
```

　まず、ユーザーインターフェースの説明を行います。画像ファイル名を List<string> で管理します。このためファイルの先頭で using System.Collections.Generic; を追加します。コンストラクターで、これまでと異なるのは、画像ファイル名を管理する mFname を初期化することです。

　OpenFile メソッドは、これまでと違い複数の画像ファイル名を管理します。すでに画像ファイルを 2 つ読み込み済みの場合、先に読み込んだファイルを破棄します。読み込んだ画像

が2つの場合は、ToolMenuEffect_Click メソッドを呼び出し、［処理］メニュー項目を選択したときと同じ動作を行います。

　［開く］メニュー項目が選択されたときは、これまでと同様です。

　［処理］メニュー項目が選択されたら、ToolMenuEffect_Click メソッドが呼び出されます。画像ファイル名が格納されている mFname を引数にして、CCvFunc クラスの DoCvFunction メソッドを呼び出します。この DoCvFunction メソッドで OpenCV を使った処理が実行されます。DoCvFunction メソッドは、処理後の Bitmap オブジェクトを返します。それを PictureBox の Image へ設定したのち、フォームのサイズを画像サイズに合わせます。

　［名前を付けて保存］メニュー項目が選択されたら、FileMenuSaveAs_Click メソッドが呼び出されます。CCvFunc クラスの SaveAS メソッドを呼び出し、処理後の画像をファイルに保存します。

　ファイルをドロップされたら、Form1_DragDrop メソッドに制御が移ります。これまでは複数のファイルがドロップされても最初のファイルしか処理しませんでした。このプログラムは、ドロップされた全ファイルを処理します。fname に格納されているファイルを foreach 文で、すべて処理します。

　本プログラム特有の処理を受け持つ CCvFunc クラスの DoCvFunction メソッドを示します。

リスト5.2●DoCvFunctionメソッド（Add-CCvFunc.cs）

```csharp
public System.Drawing.Bitmap DoCvFunction(List<string> mFname)
{
    using (Mat src1 = Cv2.ImRead(mFname[0]))
    using (Mat src2 = Cv2.ImRead(mFname[1]))
    {
        if (src1.Width != src2.Width || src1.Height != src2.Height)
        {
            return null;
        }
        mDst = new Mat();
        Cv2.Add(src1, src2, mDst);
    }
    return OpenCvSharp.Extensions.BitmapConverter.ToBitmap(mDst);
}
```

　本プログラムは、Cv2.Add を使用し、2つの画像を加算します。画像のサイズが異なる場合、

null を返します。以降に実行結果を示します。

図5.4●2つの入力画像と、処理結果

処理結果フォームのステータスバーに、対象となったファイル名が表示されます。

■ Cv2.Add ■

2つの入力画像（行列）の各要素を加算、あるいはスカラー値との加算を行います。

```
public static void Add (
        InputArray    src1,
        InputArray    src2,
        OutputArray   dst,
        InputArray    mask = null,
        int           dtype = -1
)
```

引数

src1   1番目の入力画像（行列）、またはスカラー値です。

src2   2番目の入力画像（行列）です。これは入力画像（行列）と同じサイズ、同じ型でなければなりません。またはスカラー値です。

dst   出力画像（行列）です。入力画像（行列）と同じサイズ、同じ型です。

mask   オプションの処理マスクです。8ビットのシングルチャンネル画像です。

dtype   オプションのdstのビット深度指定です。src1、src2、そしてdstはすべて同じ、あるいはすべて異なるビット深度でも構いません。

5.2 2つの画像の差分

　2つの画像の差分を計算するプログラムを紹介します。前節のプログラムと異なるのは DoCvFunction メソッド中の1行のみです。以降に、ソースコードの変更部分を示します。

```
Cv2.Add(src1, src2, mDst);
```

⬇

```
Cv2.Absdiff(src1, src2, mDst);
```

　以降に入力画像と処理結果を示します。以降に、実行前の画像と実行結果を示します。左から2つの入力画像、続いて処理結果です。

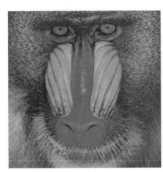

図5.5●2つの入力画像と、処理結果

■ Cv2.Absdiff ■

2つの入力画像（行列）の各要素の絶対差分を計算します。

```
public static void Absdiff (
        InputArray    src1,
        InputArray    src2,
        OutputArray   dst
)
```

引数

src1   1番目の入力画像（行列）、またはスカラー値です。

src2   2番目の入力画像（行列）、またはスカラー値です。

dst   出力画像（行列）です。入力画像（行列）と同じサイズ、同じ型です。

5.3 | 2つの画像の論理和

2つの画像を論理和するプログラムを紹介します。5.1節のプログラムと異なるのは DoCvFunction メソッド中の1行のみです。以降に、ソースコードの変更部分を示します。

```
Cv2.Add(src1, src2, mDst);
```

```
Cv2.BitwiseOr(src1, src2, mDst);
```

Cv2.BitwiseOr で2つの画像の論理和を取得します。特にプログラムの説明は必要ないでしょう。以降に、実行前の画像と実行結果を示します。左から2つの入力画像、続いて処理結果です。

図5.6●2つの入力画像と、処理結果

■ Cv2.BitwiseOr ■

2つの入力画像（行列）の各要素、あるいはスカラー値を論理和します。

```
public static void BitwiseOr (
        InputArray   src1,
        InputArray   src2,
        OutputArray  dst,
        InputArray   mask = null
)
```

引数

src1　　1番目の入力画像（行列）、またはスカラー値です。

src2　　2番目の入力画像（行列）、またはスカラー値です。

dst　　　出力画像（行列）です。入力画像（行列）と同じサイズ、同じ型です。

mask　　オプションの8ビットシングルチャンネル画像です。対応する要素のみが変更されます。

5.4 マスクを使った2つの画像加算

　2つの画像を加算しますが、その際にマスクを使用するプログラムを紹介します。5.1節のプログラムと異なる CCvFunc クラスの DoCvFunction メソッドを示します。

リスト5.3●DoCvFunctionメソッド（AddMask-CCvFunc.cs）

```
public System.Drawing.Bitmap DoCvFunction(List<string> mFname)
{
    using (Mat src1 = Cv2.ImRead(mFname[0]))
    using (Mat src2 = Cv2.ImRead(mFname[1]))
    {
        if (src1.Width != src2.Width || src1.Height != src2.Height)
        {
            return null;
        }
        using (Mat mask = new Mat(src1.Size(), MatType.CV_8UC1, new Scalar(0)))
        {
            Point p0 = new Point(src1.Width / 4, src1.Height / 4);
            Point p1 = new Point(src1.Width * 3 / 4, src1.Height * 3 / 4);
            Cv2.Rectangle(mask, p0, p1, new Scalar(255), -1);
            mDst = new Mat();
            Cv2.Add(src1, src2, mDst, mask);
        }
    }
    return OpenCvSharp.Extensions.BitmapConverter.ToBitmap(mDst);
}
```

　本プログラムは、最初のプログラムに近く、Cv2.Add を使用し2つの画像を加算します。最初のプログラムと異なるのはマスクを使用することです。マスクは、中心部が0以外で、外周部が0の値を持つ Mat オブジェクトです。中心部の、四角形の範囲だけが処理対象となります。以降に、生成するマスクの概要を示します。

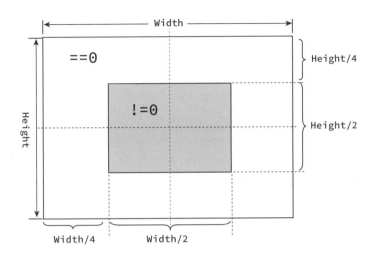

図5.7●プログラムが生成するマスク

　ここで使用する Cv2.Add は、すでに紹介したメソッドですが、オーバーロードを使用します。以降に、実行前の画像と実行結果を示します。

図5.8●2つの入力画像と、処理結果

　加算だけではなく、差分や論理和でも同じようにマスクを使って、特定の範囲を処理対象とすることができます。

5.5 | ROIを設定した2つの画像加算

次に、2つの画像を加算しますが、Matオブジェクトに ROIを設定し、ROIの範囲だけが処理される例を示します。

リスト5.4●DoCvFunctionメソッド（AddRoi-CCvFunc.cs）

```
public System.Drawing.Bitmap DoCvFunction(List<string> mFname)
{
    using (Mat src1 = Cv2.ImRead(mFname[0]))
    using (Mat src2 = Cv2.ImRead(mFname[1]))
    {
        if (src1.Width != src2.Width || src1.Height != src2.Height)
        {
            return null;
        }

        Rect roi = new Rect(src1.Cols / 4, src1.Rows / 4, src1.Cols / 2,
                                                   └ src1.Rows / 2);
        mDst = src1.Clone();
        using (Mat src1Roi = new Mat(src1, roi))
        using (Mat src2Roi = new Mat(src2, roi))
        using (Mat dstRoi = new Mat(mDst, roi))
        {
            Cv2.Add(src1Roi, src2Roi, dstRoi);
        }
    }
    return OpenCvSharp.Extensions.BitmapConverter.ToBitmap(mDst);
}
```

本プログラムは、先のプログラムに近く、マスクの代わりにROIを設定します。Cv2.Addを使用し2つの画像を加算します。最初のプログラムと異なるのはROIを使用することです。RectオブジェクトroiにROIの座標を設定します。ROIの座標を以降に示します。

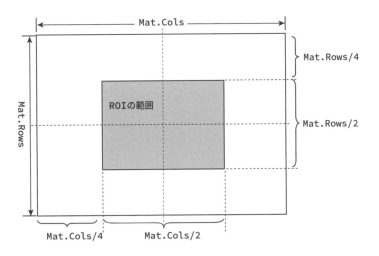

図5.9●ROIの座標

　このROIを各画像に設定し、加算を行います。あるいは、roiの範囲のサブマトリックスを指定して加算を行うと表現しても良いでしょう。これによってROIの部分だけが処理対象となります。以降に、実行例を示します。

図5.10●2つの入力画像と、処理結果

　加算だけではなく、差分や論理和でも同じようにマスクを使って、特定の範囲を処理対象とすることができます。

5.6 | 重みを付けて 2 つの画像加算

　最後に、2 つの画像に重みを付けて加算するプログラムも紹介します。重みテーブルを使って、2 つの画像を合成します。これまでのプログラムと異なり CCvFunc クラスの DoCvFunction メソッドが変更されるのは当然として、CCvFunc クラスのスーパークラスである CCv クラスの CreateCosMat と MulMat を初めて利用します。そこで、まず CCv クラスの CreateCosMat と MulMat を説明します。

リスト5.5●CreateCosMatメソッド（CCv.cs）

```
public Mat CreateCosMat(int rows, int cols)
{
    Mat mat = new Mat(rows, cols, MatType.CV_8UC3, new Scalar(0));
    OpenCvSharp.Point center = new OpenCvSharp.Point(cols / 2, rows / 2);
    double radius = Math.Sqrt(Math.Pow(center.X, 2) + Math.Pow(center.Y, 2));
    for (int y = 0; y < mat.Rows; y++)
    {
        for (int x = 0; x < mat.Cols; x++)
        {
            // distance from center
            double distance = Math.Sqrt(Math.Pow(center.X - x, 2)
                                        + Math.Pow(center.Y - y, 2));
            // radius=π, current radian
            double radian = (distance / radius) * (double)Math.PI;
            // cosθ, normalize -1.0~1.0 to 0~1.0
            double Y = (Math.Cos(radian) + 1.0) / 2.0;
            // normalize (Y) 0~1.0 to 0.0~255.0
            mat.At<Vec3b>(y, x)[0] =
                mat.At<Vec3b>(y, x)[1] =
                    mat.At<Vec3b>(y, x)[2] = (byte)(Y * 255.0f);
        }
    }
    return mat;
}
```

リスト5.6●MulMatメソッド（CCv.cs）

```
public Mat MulMat(Mat mat, Mat table)
{
    Mat dst = new Mat();
    using (Mat mat32f = new Mat(),  dst32f = new Mat())
    {
        Mat table32f = new Mat();

        mat.ConvertTo(mat32f, MatType.CV_32FC3);
        table.ConvertTo(table32f, MatType.CV_32FC3);
        table32f /= 255.0f;
        Cv2.Multiply(mat32f, table32f, dst32f);
        dst32f.ConvertTo(dst, MatType.CV_8UC3);
    }
    return dst;
}
```

本プログラムは、これまでのマスクやROIの代わりに重み付けのテーブルを用い、2つの画像を加算（ブレンド）します。まず、今回用いた重みテーブルを説明します。まず、重みテーブルを生成する `createCosMat` を説明します。テーブルの値を算出する方法を図に示します。

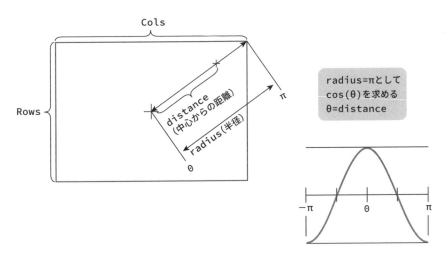

図5.11●重みテーブルの算出法

対角線の半分をπ（=radius）とします。次に、Matの各要素値を中心からの距離で求めます。具体的には、radiusをπとして、中心からの距離distanceをMath.Cosの角度として

与えます。distance は度数で求められているため、弧度法へ変換し、Mat の当該座標の値を
求めます。Math.Cos は–1.0 〜 1.0 を返しますので、これを 0 〜 255 へ正規化した Mat へ変
換します。動作が分かりにくいと思うので、この関数が生成したテーブルを図と可視化を行い
ます。

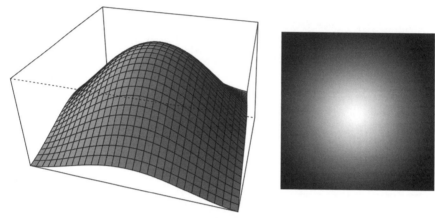

図5.12●重みテーブルを可視化

　次に画像と重みテーブルを乗算する MulMat を説明します。単純に 2 つの Mat オブジェク
トの各要素を乗算するだけです。ただし、入力の Mat が MatType.CV_8UC3 のため、乗算中
に表現できる範囲に収まらないことが考えられます。そこで、いったん MatType.CV_32FC3
へ変換したのち、乗算を行います。最後に、元の MatType.CV_8UC3 へ戻し、呼び出し元へ
返します。

　次に、CCvFunc クラスの DoCvFunction メソッドを示します。

リスト5.7●DoCvFunctionメソッド（AddCosTbl-CCvFunc.cs）

```
public System.Drawing.Bitmap DoCvFunction(List<string> mFname)
{
    using (Mat src1 = Cv2.ImRead(mFname[0]))
    using (Mat src2 = Cv2.ImRead(mFname[1]))
    {
        if (src1.Width != src2.Width || src1.Height != src2.Height)
        {
            return null;
        }
```

```
        using (Mat weightMat = CreateCosMat(src1.Rows, src2.Cols))
        using (Mat iWeightMat = new Scalar(255, 255, 255) - weightMat)
        using (Mat intSrc1 = MulMat(src1, weightMat))
        using (Mat intSrc2 = MulMat(src2, iWeightMat))
        {
            mDst = new Mat();
            Cv2.Add(intSrc1, intSrc2, mDst);
        }
    }
    return OpenCvSharp.Extensions.BitmapConverter.ToBitmap(mDst);
}
```

　これまでのプログラムと異なる部分のみを説明します。まず、MatオブジェクトweightMatに、先に説明したCreateCosMatを使ってCosテーブルを取得します。iWeightMatには、255からweightMatを引いた値を設定します。これらを、先に説明したMulMatを使用し、画像とテーブルの乗算を行い、最後にそれらを加算します。言葉で説明すると分かりにくいため、実行例を参照すると良いでしょう。なお、ここで説明した手法は、あとに続くオブジェクトのサイズ変更などでも活用します。以降に、実行例を示します。

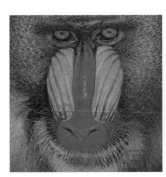

図5.13●2つの入力画像と、処理結果

第6章

オブジェクト

　コーナーの検出、四角形の検出、画像に含まれるダメージの検出と復元、そしてオブジェクトの透視投影などを行うプログラムを紹介します。

6.1 コーナー検出（1）

　画像に含まれるコーナーを検出するプログラムを開発します。フォームは第3章「フィルタ処理」の3.10節「ユーザーインターフェースとOpenCvSharpを分離」で使用したものと同じです。ただし、動作が若干異なりますので、その部分のソースコードを示します。

リスト6.1●OpenFileメソッド(DetectCorners-Form1.cs)

```
private void OpenFile(string fname = null)
{
    Bitmap bmp;
    string nfname = fname;

    (nfname, bmp) = ccvfunc.OpenFileCv(fname);
    if (bmp == null)
    {
        return;
    }
```

```
        pBox.Image = bmp;
        pBox.Size = pBox.Image.Size;

        AdjustWinSize(pBox.Image);                    // ウィンドウサイズ調整

        toolSSLbl.Text = Path.GetFileName(nfname);   //ファイル名表示

        ToolMenuEffect_Click(null, null);
}
```

OpenFile メソッドを少し変更し、ファイルを開いたら［処理］メニュー項目が選択されたときと同じ動作を行います。つまり、新しいファイルかファイルがドロップされたら、すぐにコーナー検出処理を実行します。

以降に、実際にコーナー検出を処理する、CCv の派生クラス CCvFunc の一部を示します。

リスト6.2●DoCvFunctionメソッド（DetectCorners-CCvFunc.cs）

```
public System.Drawing.Bitmap DoCvFunction()
{
    using (var gray = new Mat())
    {
        Cv2.CvtColor(mSrc, gray, ColorConversionCodes.BGR2GRAY);

        const int maxCorners = 50, blockSize = 3;
        const double qualityLevel = 0.01, minDistance = 20.0, k = 0.04;
        const bool useHarrisDetector = false;
        Point2f[] corners = Cv2.GoodFeaturesToTrack(gray, maxCorners,
                                                    └ qualityLevel,
                    minDistance, new Mat(), blockSize, useHarrisDetector, k);
        mDst = mSrc.Clone();
        foreach (Point2f it in corners)
        {
            Cv2.Circle(mDst, (OpenCvSharp.Point)it, 4, Scalar.Blue, 2);
        }
    }
    return OpenCvSharp.Extensions.BitmapConverter.ToBitmap(mDst);
}
```

本プログラムは、画像に含まれる強いコーナーを検出します。Cv2.CvtColor で画像を

カラーからグレイスケールに変換します。この画像の強いコーナーをCv2.GoodFeatures
ToTrackを用いて検出します。第8引数にfalseを与え固有値を計算し、強いコーナーを検
出します。この例では、上位50個のコーナーを検出します。最後に、Cv2.Circleで検出し
たコーナー位置に円を描画します。以降に、コーナーを検出した例を示します。

図6.1●コーナー検出

■Cv2.GoodFeaturesToTrack■

　cornerMinEigenVal()またはcornerHarris()が極大値を報告する十分に強いコーナー
を見つけます。

```
public static Point2f[] GoodFeaturesToTrack (
        InputArray    src,
        int           maxCorners,
        double        qualityLevel,
        double        minDistance,
        InputArray    mask,
        int           blockSize,
        bool          useHarrisDetector,
        double        k
)
```

引数

src　　　　　　　　　　入力画像(行列)です。8ビット、または浮動小数点型シングルチャ
　　　　　　　　　　　　ンネルです。

maxCorners	出力されるコーナーの最大数です。この値より多くのコーナーが検出された場合、強いコーナーから格納されます。
qualityLevel	許容される画像コーナーの最低品質を決定します。詳細はOpenCvSharp のドキュメントを参照してください。
minDistance	出力されるコーナー間の最小ユークリッド距離です。
mask	オプションの処理マスクです。8 ビットのシングルチャンネル画像です。
blockSize	ピクセル近傍領域における微分画像の平均化ブロックサイズです。
useHarrisDetector	Harris 検出器を使用するかどうかを示すパラメーターです。
k	Harris 検出器のフリーパラメーターです。

6.2 コーナー検出（2）

　先のプログラムと異なる手法で、画像に含まれるコーナーを検出するプログラムを開発します。フォームは先のものと、まったく同じです。実際にコーナー検出を処理する、CCv の派生クラス CCvFunc の一部を示します。

リスト6.3●DoCvFunctionメソッド(FindContours-CCvFunc.cs)

```
public System.Drawing.Bitmap DoCvFunction()
{
    using (var gray = new Mat())
    {
        Cv2.CvtColor(mSrc, gray, ColorConversionCodes.RGB2GRAY);
        Cv2.Threshold(gray, gray, 128, 255, ThresholdTypes.Binary);

        Point[][] contours;
        HierarchyIndex[] hierarchy;
        Cv2.FindContours(gray, out contours, out hierarchy, //輪郭検出
            RetrievalModes.Tree, ContourApproximationModes.ApproxSimple);

        mDst = mSrc.Clone();
        for (int i = 0; i < contours.Length; i++)
```

```
        {
            Cv2.DrawContours(mDst, contours, i, Scalar.Green, 2,
                                     └ LineTypes.Link8, hierarchy, 0);
        }
    }
    return OpenCvSharp.Extensions.BitmapConverter.ToBitmap(mDst);
}
```

　本プログラムは、画像に含まれる強いコーナーを検出します。輪郭検出に Cv2.
FindContours を使用しますが、この関数は入力画像に 2 値画像を期待します。Cv2.
FindContours 呼び出しに先立ち、まず Cv2.CvtColor で画像をカラーからグレイスケール
に変換します。そして、Cv2.Threshold で閾値処理を行い輪郭の検出が行いやすい画像へ変
換します。この例では、輝度 128 で 2 値化します。閾値や 2 値化の手法は、いろいろ試して、
自身が処理対象とする画像に合わせた方法を選択してください。

　この 2 値化した画像を Cv2.FindContours に与え、輪郭を検出します。検出した輪郭は、
引数の contours へ格納されます。各輪郭は点のベクトルとして格納されます。輪郭を求める
際に、各種パラメーターを与えることができます。詳細については Cv2.FindContours の説
明を参照してください。求めた輪郭を使用し、Cv2.DrawContours で輪郭を描きます。

　以降に、実行例を示します。

図6.2●コーナー検出

■ Cv2.FindContours ■

画像に含まれる輪郭を検索します。

```
public static void FindContours (
        InputOutputArray          image,
        out Point[][]             contours,
        out HierarchyIndex[]      hierarchy,
        RetrievalModes            mode,
        ContourApproximationModes method,
        Nullable<Point>           offset = null
)
```

引数

image   8 ビットのシングルチャンネルの入力画像（行列）です。ゼロでないピクセ
            ルは 1 として扱われ、画像は 2 値として扱われます。この関数は、輪郭を抽
            出しながら画像を変更します。

contours   検出された輪郭が、点のベクトルとして格納されます（OpenCvSharp.
            Point[][]）。

hierarchy   オプションの画像トポロジーに関する情報を含む出力ベクトルです
            （OpenCvSharp.HierarchyIndex[]）。これは、輪郭の数と同じ要素数を持
            ちます。各輪郭 contours[i] に対し、hierarchy[i][0]、hierarchy[i]
            [1]、hierarchy[i][2]、hierarchy[i][3] にはそれぞれ、同じ階層レベ
            ルに存在する前後の輪郭や最初の子の輪郭、および親輪郭の contours のイ
            ンデックスが設定されます。輪郭 i の前後や親そして子の輪郭が存在しない
            場合、これに対応する hierarchy[i] の要素は負の値になります。

mode   等高線検索モードです。詳細は OpenCvSharp.RetrievalModes を参照して
            ください。

method   等高線法です。詳細は OpenCvSharp.ContourApproximationModes を参
            照してください。

offset   オプションの輪郭点がシフトされるオプションのオフセットです。各輪郭点
            はこの値の分だけシフトします。これは、ROI の中で抽出された輪郭を画像
            全体に対して位置づけて解析する場合に役立ちます。

6.3 | 矩形の検出

　先のプログラムを拡張し、画像に含まれる矩形を検出するプログラムを紹介します。フォームは以前のプログラムに近いですが、MenuStrip コントロールの下に ToolStrip コントロールを追加します。

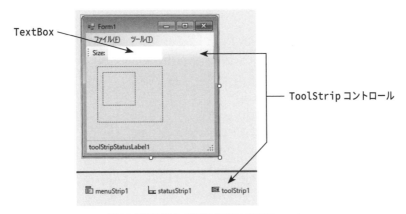

図6.3●読み込んだ画像を表示するフォーム

　TextBox へは検出する矩形のサイズを「横幅 x 高さ」の形式で指定しますが、プログラム内では面積で扱います。結果を表示するフォームに変更はありません。

　Form1.cs の変更は軽微ですので、先のプログラムと異なる部分のみを示します。

リスト6.4●ソースリストの一部（FindRects-Form1.cs）

```
        ⋮
namespace Sample
{
    public partial class Form1 : Form
    {
        ⋮
        public Form1()
        {
            InitializeComponent();
            ⋮
            tSTextBox.Text = "50 x 50";                                // 追加
            tSTextBox.TextBoxTextAlign = HorizontalAlignment.Center;   // 追加
```

```
        AllowDrop = true;
        ⋮
    }


    // adjust window size
    private void AdjustWinSize(Image img)
    {
        //スクロール対応
        pBox.Size = img.Size;

        // ウィンドウサイズ調整
        ClientSize = new System.Drawing.Size(img.Width, img.Height
                + menuStrip1.Height +toolStrip1.Height + statusStrip1.Height);
    }

        ⋮


    // 「処理」メニュー項目
    private void ToolMenuEffect_Click(object sender, EventArgs e)
    {
        try
        {
            if (pBox.Image == null)          // 読み込んでいるか
                return;

            Cursor = Cursors.WaitCursor;

            int detects = mForm2.DoCvShow(ccvfunc, tSTextBox.Text);
            toolSSLbl.Text = "detects = " + detects.ToString();
        }
            ⋮
    }
        ⋮
```

コンストラクターで TextBox の値と TextBoxTextAlign を設定します。

AdjustWinSize メソッドは、ToolStrip コントロールを配置したので、その分を Height へ加算するように変更します。

[処理] メニュー項目が選択されたときに制御の渡る ToolMenuEffect_Click メソッド内から Form2 の DoCvShow メソッドを呼び出しますが、引数に TextBox の値を渡すようにします。また、DoCvShow メソッドは検出した矩形の数を返します。この値を StatusStrip へ表

示します。

　なお、本プログラムのメニューから［開く］メニュー項目は削除しました。このため、先の
プログラムに存在した FileMenuOpen_Click メソッドは存在しません。ファイルを開くとき
は、必ず画像ファイルをフォームにドロップしてください。

　本プログラムは、画像に存在する矩形を検出します。プログラムの説明から始めるより、実
行例を示した方が分かりやすいと思いますので、先にプログラムの実行例を示します。プログ
ラムを起動し、画像ファイルをフォームにドロップした様子を示します。

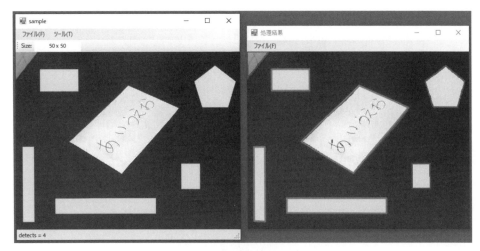

図6.4●実行例

　4つの矩形を検出しています。元画像を表示しているステータスバーに検出数が表示され、
結果表示のフォームにコーナーの検出場所と矩形の検出場所が色を変えて表示されます。矩形
として検出している部分は、赤い線で囲われます。この例を見ると五角形は矩形ではないため
除外され、その下の四角形は指定した面積より小さいため除外されたようです。この例では
「50 x 50」を指定しているため、それ以下のものは検出しません。

　さて、プログラムの説明に入ります。実際に矩形検出を処理する、CCv の派生クラス
CCvFunc の一部を示します。

リスト6.5●DoCvFunctionメソッド（FindRects-CCvFunc.cs）

```csharp
public (System.Drawing.Bitmap, int) DoCvFunction(string size)
{
    int detects = 0;
    char[] delimitter = { 'X', 'x' }; // delimitter
    string[] resolutions = size.Split(delimitter);
    int width = Convert.ToInt32(resolutions[0]);
    int height = Convert.ToInt32(resolutions[1]);

    using (Mat gray = new Mat())
    {
        Cv2.CvtColor(mSrc, gray, ColorConversionCodes.RGB2GRAY);
        Cv2.Threshold(gray, gray, 128, 255, ThresholdTypes.Binary);

        Point[][] contours;
        HierarchyIndex[] hierarchy;
        Cv2.FindContours(gray, out contours, out hierarchy,
            RetrievalModes.Tree, ContourApproximationModes.ApproxTC89L1);

        mDst = mSrc.Clone();
        for (int i = 0; i < contours.Length; i++)
        {
            Cv2.DrawContours(mDst, contours, i, Scalar.Green, 2);
        }

        for (int i = 0; i < contours.Length; i++)
        {
            double a = Cv2.ContourArea(contours[i], false);
            if (a > width * height) // only an area of  width * height or more
            {
                Point[] approx;     // contour to a straight line
                approx = Cv2.ApproxPolyDP(contours[i],
                        0.01 * Cv2.ArcLength(contours[i], true), true);
                if (approx.Length == 4) // rectangle only
                {
                    detects++;
                    Point[][] tmpContours = new Point[][] { approx };

                    int maxLevel = 0;
                    Cv2.DrawContours(mDst, tmpContours, 0,
                        Scalar.Red, 2, LineTypes.AntiAlias, hierarchy, maxLevel);
```

```
                }
            }
        }
    }
    System.Drawing.Bitmap bmp =
                    └ OpenCvSharp.Extensions.BitmapConverter.ToBitmap(mDst);
    return (bmp, detects);
}
```

　まず、char[] 型の delimitter にデリミッターを与え、Split メソッドでサイズの値を width と height へ格納します。Split を呼び出したときに、2 つの値が返されていないと例外が発生し、メッセージが表示されます。

　輪郭検出に、Cv2.FindContours を使用しますが、この関数は入力画像に 2 値画像を期待します。先ほどのプログラムで説明したように、Cv2.CvtColor カラー画像をグレイスケール画像に変換します。そして、Cv2.Threshold で閾値処理を行います。この 2 値化した画像を Cv2.FindContours に与え、輪郭を検出します。検出した輪郭は、引数の contours へ格納されます。各輪郭は点のベクトルとして格納されます（Point[][]）。輪郭を求める際に、各種パラメーターを与えることができます。次に、Cv2.ContourArea を使用し、領域の面積を求め、小さなものは排除します。ここでは、width × height 以下のものは排除します。この面積は自身の使用する画像に合わせて適切に調整してください。小さすぎると目的外のオブジェクトを検出し、大きすぎると目的のオブジェクトを検出できなくなります。

　次に Cv2.ApproxPolyDP 輪郭を直線近似化します。Cv2.ApproxPolyDP は、指定され引数で与えられた精度で多角形曲線を近似します。近似した結果が approx へ格納されます。この approx を調べ、頂点が 4 つのものだけを取り出せば、矩形が検出できたことになります。ソースリストから分かるように、本プログラムは、複数の矩形を検出します。検出した矩形を、Cv2.DrawContours で検出した矩形を描きます。

　先の例では、右下の矩形を検出できていませんでした。そこで、検出のサイズを下げて、再度検出してみましょう。サイズを「10 x 10」へ変更後、再度処理します。

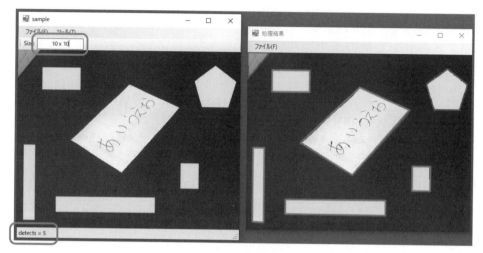

図6.5●実行例

右下の矩形も検出でき、合計5つを検出できたことが表示されます。

■Cv2.DrawContours■

輪郭線、または内側が塗りつぶされた輪郭を描画します。

```
public static void DrawContours (
        InputOutputArray                       image,
        IEnumerable<IEnumerable<Point>>        contours,
        int                                    contourIdx,
        Scalar                                 color,
        int                                    thickness = 1,
        LineTypes                              lineType = LineTypes.Link8,
        IEnumerable<HierarchyIndex>            hierarchy = null,
        int                                    maxLevel = 2147483647,
        Nullable<Point>                        offset = null
)
```

引数

image   出力画像（行列）です。

contours   すべての入力輪郭です。各輪郭は点のベクトルとして格納されています。

contourIdx   描画する輪郭の値です。この値が負値の場合、すべての輪郭が描画されます。

color	輪郭の色です。
thickness	輪郭が描かれる線の太さです。この値が負値の場合、輪郭の内部が塗りつぶされます。
lineType	輪郭線の種類です。詳細は OpenCvSharp のドキュメントを参照してください。
hierarchy	階層に関するオプションの情報です。特定の輪郭だけを描画したい場合に必要です。
maxLevel	オプションの描画される輪郭の最大レベルです。この値が 0 なら、指定された輪郭だけが描画されます。1 の場合、指定された輪郭とそれの入れ子になったすべての輪郭を描画します。2 の場合、指定された輪郭と、それに入れ子になったすべての輪郭、さらにそれに入れ子になったすべての輪郭が描画されます。このパラメーターは、hierarchy が有効な場合のみ考慮されます。
offset	オプションの輪郭点がシフトされるオプションのオフセットです。各輪郭点は、指定された offset = (dx, dy) 分だけ、すべての描画輪郭がシフトされます。

■ Cv2.ApproxPolyDP ■

頂点の少ない曲線やポリゴンを、指定された精度で多角形曲線を近似します。

```
public static Point[] ApproxPolyDP (
      IEnumerable<Point>   curve,
      double               epsilon,
      bool                 closed
)
```

引数

curve	近似するポリゴンまたはカーブです。
epsilon	近似精度を指定する引数です。これは、元の曲線とその近似値との間の最大距離です。
closed	true の場合、近似された曲線が閉じられます。そうでない場合、開いた曲線になります。

6.4 | ノイズの除去

　画像に存在するノイズを除去するプログラムを紹介します。ユーザーインターフェースなどは、最初の 6.1 節「コーナー検出」などと、まったく同じです。実際にノイズ除去を行う、CCv の派生クラス CCvFunc の一部を示します。

リスト6.6●DoCvFunctionメソッド（RepareDmgImg-CCvFunc.cs）

```csharp
public System.Drawing.Bitmap DoCvFunction()
{
    using (Mat gray = new Mat())
    using (Mat mask = new Mat())
    {
        Cv2.CvtColor(mSrc, gray, ColorConversionCodes.BGR2GRAY);
        Cv2.EqualizeHist(gray, mask);
        Cv2.Threshold(mask, mask, 253, 1, ThresholdTypes.Binary);
        mDst = new Mat();
        Cv2.Inpaint(mSrc, mask, mDst, 3, InpaintMethod.Telea);
    }
    return OpenCvSharp.Extensions.BitmapConverter.ToBitmap(mDst);
}
```

　本プログラムは、入力画像に対し、マスク画像を与えてオブジェクトを除去します。オブジェクトの除去は、除去したいオブジェクトの近傍から補完します。ノイズを除去するためにマスク画像が必要です。本プログラムは、マスク画像を入力画像から自動生成します。

　まず、`Cv2.CvtColor` でカラー画像をグレイスケールに変換します。そして、`Cv2.EqualizeHist` で画像のヒストグラムを均一化します。そして、`Cv2.Threshold` で、輝度が特定の定数を超えていたら 0 以外へ、特定の定数以下なら 0 へ設定します。この例では、ノイズが輝度の高い値で加えられています。そこで、定数に 253 を採用し、これを超えたら 255 へ、それ以下なら 0 に設定されるように指定します。これで得られた画像がマスクです。このマスクと、元画像を `Cv2.Inpaint` に指定し、ノイズを除去します。以降に実行例を示します。

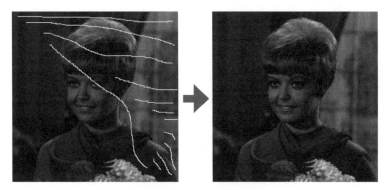

図6.6●入力画像と処理結果

参考のため、プログラムが自動生成したマスク画像を以降に示します。

図6.7●プログラムが自動生成したマスク画像

■ Cv2.Inpaint ■

近傍領域を使用して、選択した領域を画像に復元します。

```
public static void Inpaint (
        InputArray      src,
        InputArray      inpaintMask,
        OutputArray     dst,
        double          inpaintRadius,
        InpaintMethod   flags
)
```

引数

src	入力画像（行列）です。8ビット、16ビットの符号なし、32ビットの浮動小数点の1チャンネル、または8ビットの3チャンネルです。
inpaintMask	8ビットでシングルチャンネルの修復マスク画像です。0以外のピクセルが修復対象です。
dst	出力画像（行列）です。入力画像（行列）と同じサイズ、同じデータ型です。
inpaintRadius	修復される点周りの円形の近傍領域の半径です。
flags	修復手法です。InpaintMethod.NS（Navier-Stokes based method）かInpaintMethod.Telea（The method by Alexandru Telea）のいずれかです。

6.5 透視投影

6.3節「矩形の検出」を応用し、透視投影を行うプログラムを紹介します。ユーザーインターフェースなども6.3節とほぼ同じです。ただし、TextBoxへ指定する値は、透視投影後の画像サイズです。ユーザーインターフェースの変更はありませんのでフォームの解説は省略します。

読み込んだ画像を表示するForm1に対するソースコードは若干の変更がありますので、その部分だけ示します。

リスト6.7●ソースリストの一部（PersObj-Form1.cs）

```
namespace Sample
{
    public partial class Form1 : Form
    {
        ⋮
        public Form1()
        {
            InitializeComponent();
            ⋮
```

```
            pBox.Location = new System.Drawing.Point(0, 0);
            tSTextBox.Text = "400 x 300";                           // 追加
            ⋮
        }
    ⋮
    private void ToolMenuEffect_Click(object sender, EventArgs e)
    {
        ⋮
            mForm2.DoCvShow(ccvfunc, tSTextBox.Text);
        }
        catch (Exception ex)
        ⋮
```

　コンストラクターで TextBox の値を設定しますが、本プログラムで設定するのは透視投影後の画像サイズです。実際の透視投影を行うために ToolMenuEffect_Click メソッド内から Form2 の DoCvShow メソッドを呼び出しますが、引数に TextBox の値を渡すのは先のプログラムと同様です。異なるのは DoCvShow メソッドは値を返さないことです。

　結果を表示する Form2 に対するソースコードも若干の変更がありますので、その部分だけ示します。

リスト6.8●ソースリストの一部（PersObj-Form2.cs）

```
    ⋮
    // 処理&表示
    public void DoCvShow(CCvFunc ccvfunc, string size)
    {
        mCcvfunc = ccvfunc;

        Bitmap bmp = mCcvfunc.DoCvFunction(size);
        if(bmp!=null)
        {
            pBox.Image = bmp;
            AdjustWinSize(pBox.Image);
            Show();
        }
    }

    // ×ボタン
    private void Form2_FormClosing(object sender, FormClosingEventArgs e)
```

```
        {
            this.Hide();            //隠す
            e.Cancel = true;
        }

        // rotate it to right 90 degree
        private void pBox_MouseClick(object sender, MouseEventArgs e)
        {
            Bitmap bmp = mCcvfunc.Rotated();
            pBox.Image = bmp;
        }
    }
}
```

　DoCvShow は、基本的に以前のプログラムと大きな違いはなく、単に何も返さないメソッド
に変わっただけです。

　Form2 でマウスをクリックしたときに制御が渡ってくるのが pBox_MouseClick メソッド
です。これは、検出した矩形を指定された画像サイズにマップしますが、縦横や上下関係をプ
ログラムは判別できません。このため間違ってマップされたときに、マウスをクリックするた
びに 90°回転するようにしました。詳細については、実行すると理解できるでしょう。実際の
回転は、CCvFunc クラスの Rotated メソッドで実行されます。

　本プログラムは、斜めに撮影された名刺や印刷物などを自動認識し、正面から撮影した画像
へ変換します。プログラムの説明から始めると説明が分かりにくくなるため、実行例を先に示
します。プログラムを起動し、画像ファイルをドロップすると、自動で透視投影が実行され
ます。

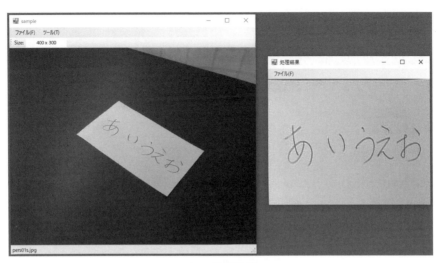

図6.8●透視投影

　結果から分かるように正面から撮影したように透視投影されます。結果のサイズは入力画像を読み込んだフォームで指定したサイズを使用します。入力画像からアスペクト比などを判別できないため、このように使用者が指定します。この例を見る限り、高さが少し高いようですので「400 x 300」を「400 x 280」へ変更し、再度透視投影してみます。変更量が少ないため分かりにくいですが、処理結果の高さが若干低くなり、アスペクトが希望通りに変更されます。

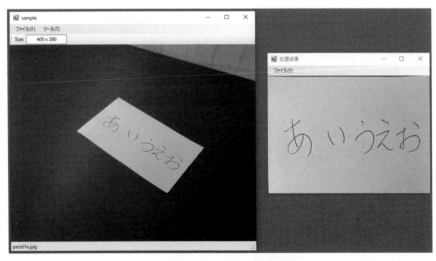

図6.9●サイズを変更し透視投影

さて、実際の透視投影を行う、CCv の派生クラス CCvFunc の 4 つのメソッドを示します。

リスト6.9●DoCvFunctionメソッド（PersObj-CCvFunc.cs）

```csharp
public System.Drawing.Bitmap DoCvFunction(string size)
{
    mDst = mSrc.Clone();
    char[] delimitter = { 'X', 'x' }; // delimitter
    string[] resolutions = size.Split(delimitter);

    int persWidth = Convert.ToInt32(resolutions[0]);
    int persHeight = Convert.ToInt32(resolutions[1]);

    Mat gray = new Mat();
    Cv2.CvtColor(mSrc, gray, ColorConversionCodes.RGB2GRAY);
    Cv2.Threshold(gray, gray, 128, 255, ThresholdTypes.Binary);


    Point[][] contours;
    HierarchyIndex[] hierarchy;
    Cv2.FindContours(gray, out contours, out hierarchy,
            RetrievalModes.Tree, ContourApproximationModes.ApproxTC89L1);

    Point[][] tmpContours = new Point[][] { };
    for (int i = 0; i < contours.Length; i++)
    {
        double a = Cv2.ContourArea(contours[i], false);
        if (a > 50 * 50) // only an area of 50 x 50 or more
        {
            Point[] approx; // contour to a straight line
            approx = Cv2.ApproxPolyDP(contours[i],
                    0.01 * Cv2.ArcLength(contours[i], true), true);
            if (approx.Length == 4) // rectangle only
            {
                tmpContours = new Point[][] { approx };
                break;  // only first one
            }
        }
    }
    mDst = new Mat(persHeight, persWidth, mSrc.Type(), Scalar.LightCoral);
    if (tmpContours.Length == 0)
        return OpenCvSharp.Extensions.BitmapConverter.ToBitmap(mDst);
```

```
    mPsrc = new Point2f[4];    // perspective source
    for (int i = 0; i < mPsrc.Length; i++)
    {
        mPsrc[i] = (Point2f)tmpContours[0][i];
    }
    SortSrcPoints(mPsrc);

    mPdst = new Point2f[] {  // perspective destination
        new Point2f(0.0f, 0.0f),
        new Point2f(0.0f, (float)(persHeight - 1)),
        new Point2f((float)(persWidth - 1), (float)(persHeight - 1)),
        new Point2f((float)(persWidth - 1), 0.0f)
        };
    System.Drawing.Bitmap bmp = DoPers(mSrc, mDst, mPsrc, mPdst);
    return bmp;
}
```

リスト6.10●DoPersメソッド（PersObj-CCvFunc.cs）

```
private System.Drawing.Bitmap DoPers(Mat mSrc, Mat mDst, Point2f[] mPsrc,
                                              └ Point2f[] mPdst)
{
    Mat persMatrix = Cv2.GetPerspectiveTransform(mPsrc, mPdst);
    Cv2.WarpPerspective(mSrc, mDst, persMatrix, mDst.Size(),
                                              └ InterpolationFlags.Cubic);

    System.Drawing.Bitmap bmp =
                    └ OpenCvSharp.Extensions.BitmapConverter.ToBitmap(mDst);
    return bmp;
}
```

リスト6.11●SortSrcPointsメソッド（PersObj-CCvFunc.cs）

```
private void SortSrcPoints(Point2f[] points)
{
    Point2f[] sortedPointsc = new Point2f[4];

    for(int j = 3; j > 0; j--)            // Sort by X
    {
        for (int i = 0; i < j; i++)
```

```
    {
        if (points[i].X > points[i + 1].X)
            (points[i], points[i + 1]) = (points[i + 1], points[i]);
    }
}

if (points[0].Y > points[1].Y)      // Sort the first two by Y
    (points[0], points[1]) = (points[1], points[0]);
if (points[2].Y < points[3].Y)      // Reverse sort the first two by Y
    (points[2], points[3]) = (points[3], points[2]);
}
```

リスト6.12●Rotatedメソッド（PersObj-CCvFunc.cs）

```
public System.Drawing.Bitmap Rotated()
{
    (mPsrc[0], mPsrc[1], mPsrc[2], mPsrc[3]) =
                    (mPsrc[1], mPsrc[2], mPsrc[3], mPsrc[0]);

    System.Drawing.Bitmap bmp = DoPers(mSrc, mDst, mPsrc, mPdst);
    return bmp;
}
```

　まず、char[] 型の delimitter にデリミッターを与え、Split メソッドでサイズの値を
persWidth と persHeight へ格納します。Split を呼び出したときに、2つの値が返されて
いないと例外が発生し、メッセージが表示されます。

　輪郭検出に Cv2.FindContours を使用しますが、この関数は入力画像に2値画像を期待し
ます。Cv2.FindContours 呼び出しに先立ち、まず Cv2.CvtColor でカラー画像をグレイス
ケール画像に変換します。そして、Cv2.Threshold で閾値処理を行い輪郭の検出が行いやす
い画像へ変換します。この例では、

```
Cv2.Threshold(gray, gray, 128, 255, ThresholdTypes.Binary);
```

を指定し、輝度128で2値化します。閾値や2値化の手法は、いろいろ試して、自身が処理
対象とする画像に合わせた値や方法を試してください。

　この2値化した画像を Cv2.FindContours に与え、輪郭を検出します。検出した輪郭は、

引数の contours へ格納されます。各輪郭は点のベクトルとして格納されます（Point[] []）。輪郭を求める際に、各種パラメーターを与えることができます。詳細については Cv2. FindContours の説明を参照してください。次に、Cv2.ContourArea を使用し、領域の面積を求め、小さなものは排除します。ここでは、50 × 50 = 2500 以下のものは排除します。この面積も自身の使用する画像に合わせて適当に調整してください。小さすぎると目的外のオブジェクトを検出し、大きすぎると目的のオブジェクトを検出できなくなってしまいます。

ある程度以下のものを排除し、Cv2.ApproxPolyDP で輪郭を直線近似化します。Cv2. ApproxPolyDP は、指定され引数で与えられた精度で、多角形曲線を近似します。近似した結果が approx へ格納されます。この approx を調べ、頂点が 4 つのものだけを選出すると、矩形が検出できたことになります。ソースリストから分かるように、本プログラムは、最初に検出した矩形を tmpContours へ格納し透視投影処理へ移行します。

透視投影処理に先立ち、結果を保持する Mat オブジェクトを指定のサイズと LightCoral で生成します。次に、矩形を検出できたか調べ、矩形を検出できなかったら、生成した画像を Bitmap オブジェクトへ変換し、呼び出し元へ返します。これによって、オブジェクトを検出できなかった場合、結果表示フォームは LightCoral で塗りつぶされます。

そして、矩形の頂点を保持している tmpContours（Point[][]）の最初の 4 点を mPsrc（Point2f[]）へコピーしたのち、頂点の並び替えを行います。この mPsrc はクラスのフィールドで、ほかのメソッドからも参照されます。座標の格納順が OpenCV の法則に則っているとは限らないため SortSrcPoints を呼び出し、並び替えます。

並び替えた mPsrc と、格納する Mat オブジェクトの座標を格納した mPdst を使って透視投影を行います。透視投影は DoPers で処理します。

透視投影を行う DoPers メソッドは単純なメソッドです。引数で受け取った入力と出力の Mat オブジェクト、そして透視投影に必要な 2 つの座標を使って透視投影を行います。透視投影そのものについては、第 4 章「アフィン変換」の 4.4 節「透視投影」ですでに解説済みです。本メソッドは、処理結果を Bitmap オブジェクトへ変換し、呼び出し元へ返します。

SortSrcPoints メソッドは、受け取った頂点を並び替えます。以降に、並び替えについて図に示します。まず、投影先の頂点の並びは固定です。図に、0 から 3 までの並びを示します。

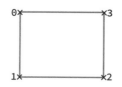

図6.10●投影先の頂点の並び

以降に、正常に透視投影される入力の頂点の並びと、うまく透視投影できない入力の頂点の並びを示します。

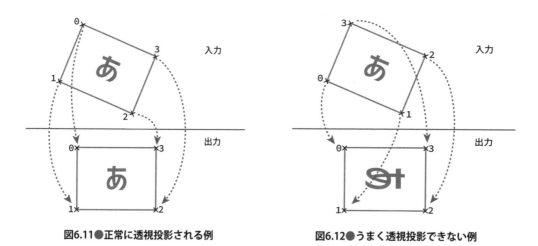

図6.11●正常に透視投影される例　　　　　　**図6.12●うまく透視投影できない例**

透視投影自体がうまくいかない例も示します。このように、輪郭の外周を各頂点が順番に保持していない場合、透視投影の処理は失敗します。

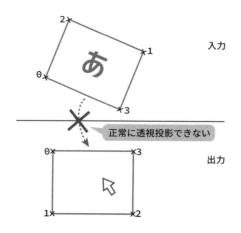

図6.13●透視投影自体がうまくいかない例

では、入力の頂点の並び替えの方法を示します。

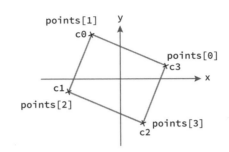

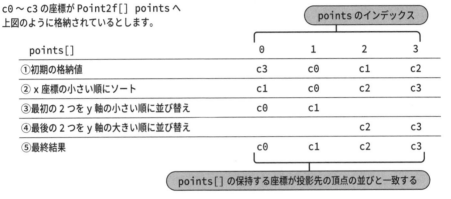

c0 〜 c3 の座標が Point2f[] points へ
上図のように格納されているとします。

points のインデックス			
points[]	0	1	2	3
---	---	---	---	---
①初期の格納値	c3	c0	c1	c2
② x 座標の小さい順にソート	c1	c0	c2	c3
③最初の2つをy軸の小さい順に並び替え	c0	c1		
④最後の2つをy軸の大きい順に並び替え			c2	c3
⑤最終結果	c0	c1	c2	c3

points[] の保持する座標が投影先の頂点の並びと一致する

図6.14●入力の頂点の並び替え

　points に格納された座標 c0 〜 c3 を、図で示した順に並び替えます。この例では、
points[0] に c3、points[1] に c0、points[2] に c1、そして points[3] に c2 が格納され
ているものとします。まず、各頂点を x 座標の小さい順にソートします。次に、最初の2つ
を y 軸の小さい順にソートし、最後の2つを y 軸の大きい順にソートします。これによって、
各頂点が保持する座標は、図に示すように並び替えられます。

　Rotated メソッドは、表示用のフォームでマウスをクリックするたびに呼び出されるメ
ソッドです。呼び出されるたびに、座標を右回りに 90°回転し、それを Bitmap オブジェクト
へ変換して返します。このような処理は OpenCV を使用せず、.NET Framework の機能で簡単
に実現できますが、本書では画像処理は OpenCV で実現することを目指します。

さて、すでに実行例を示していますが、上下が逆で、かつ傾いているものを透視投影してみます。矩形の検出次第ですが、結果が逆さまになる場合があります。

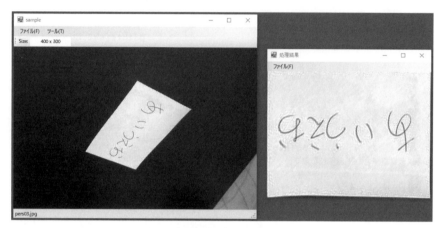

図6.15●透視投影の対象が逆さま

このような場合は、結果表示フォームをクリックすると90°ずつ回転して、目的の結果を得ます。

図6.16●回転

画像を入れ替えた例も示します。透視投影先のサイズ指定が適切でなかったため、アスペクト比が間違って処理されます。

図6.17●画像を入れ替える

透視投影先のサイズを変更し、再実行した様子を示します。

図6.18●透視投影先のサイズを変更

処理結果の表示が適切でない場合は、結果表示フォームをクリックし 90°ずつ回転して、目的の結果を得ます。

図6.19●回転

矩形を見つけられなかった時は、結果フォームは LightCoral で塗りつぶされます。

図6.20●矩形を見つけられない

6.6 | 細線化

　細線化は、（主には2値化した）画像を幅1ピクセルの線画像に変換する操作です。OpenCvSharp では、便利なメソッドが用意されていますので、細線化のアルゴリズムを知る必要はなく、簡単に細線化を行うことができます。2値化画像の線の中心1画素分だけを残すように線を細くする処理を細線化といいます。細線化のアルゴリズムには Hilditch や Zhang Suen など、さまざまな手法があります。ここでは Zhang Suen を使用しますが、単に引数にZhang Suen を指定するだけでアルゴリズムを知る必要はありません。以降に、細線化を行う、CCv の派生クラス CCvFunc の一部を示します。

リスト6.13●DoCvFunctionメソッド（Thinning-CCvFunc.cs）

```
public Bitmap DoCvFunction()
{
    using (var gray = new Mat())
    {
        Cv2.CvtColor(mSrc, gray, ColorConversionCodes.BGR2GRAY);
        Mat mDst = new Mat();
        CvXImgProc.Thinning(gray, mDst, ThinningTypes.ZHANGSUEN);
        return OpenCvSharp.Extensions.BitmapConverter.ToBitmap(mDst);
```

```
    }
}
```

　処理は非常に簡単です。まず、Cv2.CvtColor でカラー画像をグレイスケールに変換します。そして、CvXImgProc.Thinning メソッドを呼び出すだけです。以降に実行例を示します。

図6.21●入力画像と処理結果

■ CvXImgProc.Thinning ■

　binary blob 細線化を適用して、入力画像をスケルトン化します。このメソッドは、Zhang-Suen の手法を使用して、バイナリブロブ画像をスケルトン化された形式に変換します。

```
public static void Thinning (
        InputArray     src,
        OutputArray    dst,
        ThinningTypes  thinningType = ThinningTypes.ZHANGSUEN
)
```

引数

src	入力画像（行列）です。8 ビットの 1 チャンネルです。
dst	出力画像（行列）です。入力画像（行列）と同じサイズ、同じデータ型です。
thinningType	細線化アルゴリズムを指定します。

第7章

マウスで
オブジェクト操作

マウスでオブジェクトの範囲を指定し、透視投影、オブジェクト除去、サイズ変更を行うプログラムなどを紹介します。

7.1 | 透視投影

マウスで矩形の頂点を指定し透視投影を行うプログラムを紹介します。本プログラムは、斜めに撮影された名刺や印刷物などを、マウスを利用し四隅を指定することによって、正面から撮影した画像へ変換します。2つのフォームは前章のプログラムとまったく同じです。以降にプログラムの操作を示します。

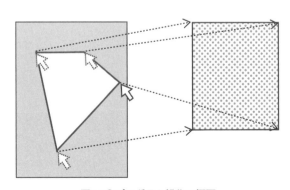

図7.1●プログラム操作の概要

　フォームに対応するソースコードも、これまでと大きな違いはありません。ただ、Form1 に対するソースコードを若干変更する必要がありますので、その部分を示します。

リスト7.1●ソースリストの一部（PersObjMouse-Form1.cs）

```
    ⋮
public Form1()
{
    InitializeComponent();
    ⋮
    DragEnter += new DragEventHandler(Form1_DragEnter);
    DragDrop += new DragEventHandler(Form1_DragDrop);
    pBox.MouseDown += new MouseEventHandler(pBox_MouseDown);
    ⋮
}

    ⋮


private void OpenFile(string fname = null)
{
    ⋮
    pBox.Image = ccvfunc.Clear();
    ⋮
}

    ⋮


private void pBox_MouseDown(object sender, MouseEventArgs e)
{
    try
    {
        if (pBox.Image == null)
            return;

        if (e.Button == MouseButtons.Right)      // マウスの右ボタンならUndo
        {
            pBox.Image = ccvfunc.Clear();
        }
        ⋮
    }
    ⋮
```

```
    }
    ⋮
```

　プログラムの先頭の方やコンストラクターは、これまでと大きな違いはないです。本プログラムは、マウスを使用して頂点を指定するため、マウスを押したときに反応するためのメソッド myMouseDown を登録します。

　ファイルを開くときに制御が渡るのが OpenFile メソッドです。本プログラムは、座標などの管理はすべて CCvFunc クラスで行っています。新しい画像ファイルを読み込んだときは、それまでの座標はすべてリセットしなければなりません。CCvFunc クラスの Clear メソッドを呼び出し、返された Bitmap オブジェクトを PictureBox の Image プロパティへ設定します。

　pBox_MouseDown メソッドへは、マウスボタンが押されたときに制御が渡ってきます。画像を読み込んでいないときにマウスボタンが押されても無視します。押されたマウスボタンが右ならリセットとみなし、これまで指定していた頂点をすべてクリアします。押されたマウスボタンが左ボタンなら、CCvFunc クラスの MouseDown メソッドを呼び出し、座標をクラスで管理させます。クライアント座標に変換後、mListPoint を追加します。CCvFunc クラスの MouseDown メソッドは Bitmap オブジェクトを返しますので、PictureBox の Image プロパティへ設定します。

　ほとんどの処理は CCvFunc クラスに実装しますので、そのソースリストを示します。

リスト7.2●CCvFunc.cs（PersObjMouse）

```csharp
using System;
using System.Collections.Generic;
using System.Drawing;
using System.Linq;

using OpenCvSharp;

namespace CCvLibrary
{
    public class CCvFunc : CCv
    {
        private List<List<OpenCvSharp.Point>> mPsrc;    // perspective source
        private List<List<OpenCvSharp.Point>> mPdst;    // perspective destination
        int mPersWidth, mPersHeight;
```

```
//----------------------------------------------------------------
// コンストラクタ
public CCvFunc() : base()
{
    mPsrc = new List<List<OpenCvSharp.Point>>();       // perspective source
    mPsrc.Add(new List<OpenCvSharp.Point>());          // perspective source
    mPdst = new List<List<OpenCvSharp.Point>>();       // perspective destination
    mPdst.Add(new List<OpenCvSharp.Point>());          // perspective destination
}


//----------------------------------------------------------------
// OpenCVを使用して処理
public System.Drawing.Bitmap DoCvFunction(string size)
{
    char[] delimitter = { 'X', 'x' }; // delimitter
    string[] resolutions = size.Split(delimitter);

    mPersWidth = Convert.ToInt32(resolutions[0]);
    mPersHeight = Convert.ToInt32(resolutions[1]);

    return DoPers(mPersWidth, mPersHeight, mPsrc, mPdst);
}

// Do pers
private System.Drawing.Bitmap DoPers(int mPersWidth, int mPersHeight,
    List<List<OpenCvSharp.Point>> mPsrc, List<List<OpenCvSharp.Point>> mPdst)
{
    mDst = new Mat(mPersHeight, mPersWidth, mSrc.Type());

    Point2f[] pSrc = new Point2f[4];    // perspective source
    for (int i = 0; i < mPsrc[0].Count; i++)
    {
        pSrc[i] = (Point2f)mPsrc[0][i];
    }

    Point2f[] pDst = new Point2f[] {  // perspective destination
        new Point2f(0.0f, 0.0f),
        new Point2f(0.0f, (float)(mPersHeight - 1)),
        new Point2f((float)(mPersWidth - 1), (float)(mPersHeight - 1)),
        new Point2f((float)(mPersWidth - 1), 0.0f)
        };
```

```csharp
    Mat persMatrix = Cv2.GetPerspectiveTransform(pSrc, pDst);
    Cv2.WarpPerspective(mSrc, mDst, persMatrix, mDst.Size(),
                                      └ InterpolationFlags.Cubic);

    return OpenCvSharp.Extensions.BitmapConverter.ToBitmap(mDst);
}


// sort
//      |
//  0   |   3
//      |
// ----+-----
//      |
//  1   |   2
//      |
//
private void SortSrcPoints(List<OpenCvSharp.Point> p)
{
    p.Sort((a, b) => a.X - b.X);     // sort by X

    if (p[0].Y > p[1].Y)             // Sort the first two by Y
        (p[0], p[1]) = (p[1], p[0]);
    if (p[2].Y < p[3].Y)             // Reverse sort the first two by Y
        (p[2], p[3]) = (p[3], p[2]);
}


// mouse down
public System.Drawing.Bitmap MouseDown(System.Drawing.Point p)
{
    if (mPsrc[0].Count < 4)
    {
        mPsrc[0].Add(new OpenCvSharp.Point(p.X, p.Y));
    }
    else
    {   //指定ずみなら近所を探し、あれば位置を変更
        for (int i = 0; i < mPsrc[0].Count; i++)
        {
            if (Math.Abs(mPsrc[0][i].X - p.X) < 10 &&
                             └ Math.Abs(mPsrc[0][i].Y - p.Y) < 10)
            {
                mPsrc[0][i] = new OpenCvSharp.Point(p.X, p.Y);
```

```csharp
                    break;
            }
        }
    }
    return GetRectsOnBmp(mSrc);
}


// reset
public System.Drawing.Bitmap Clear()
{
    mPsrc[0].Clear();
    return GetRectsOnBmp(mSrc);
}


// get current bitmap
public System.Drawing.Bitmap GetRectsOnBmp(Mat img)
{
    Bitmap bmp;
    using (Mat dst = img.Clone())
    {
        if (mPsrc[0].Count > 0)
        {
            foreach (var point in mPsrc.First())
            {
                Cv2.Circle(dst, point, 3, Scalar.Red, -1);
            }
            if (mPsrc[0].Count == 4)
            {
                SortSrcPoints(mPsrc[0]);
                Cv2.Polylines(dst, mPsrc, true, Scalar.Red);
            }
        }
        bmp = OpenCvSharp.Extensions.BitmapConverter.ToBitmap(dst);
    }
    return bmp;
}


// rotate it to right 90 degree
public System.Drawing.Bitmap Rotated()
{
    (mPsrc[0][0], mPsrc[0][1], mPsrc[0][2], mPsrc[0][3]) =
                (mPsrc[0][1], mPsrc[0][2], mPsrc[0][3], mPsrc[0][0]);
```

```
            return DoPers(mPersWidth, mPersHeight, mPsrc, mPdst);
        }
    }
}
```

　マウスで指定した座標の管理や、描いた Bitmap オブジェクトの生成、そして透視投影自体を、このクラスで処理します。mPsrc と mPdst は、透視投影を行う時の座標を保持します。コンストラクターで、これらのインスタンスの生成を行います。

　DoCvFunction メソッドは、［処理］メニュー項目が選択されたときに呼び出されます。渡された文字列から透視投影先のサイズを mPersWidth と mPersHeight へ格納し、DoPers メソッドを呼び出します。

　DoPers メソッドは、前章のプログラムと同様の処理を行います。ただ、座標を保持するフィールドが List<List<OpenCvSharp.Point>> のため、Point2f[] へ変換する処理が追加されます。処理そのものは、前章のプログラムと変わりはないため説明は省きます。

　SortSrcPoints メソッドも、前章のプログラムと同様の処理を行います。こちらも座標を保持するフィールドが前章のプログラムは Point2f[] でしたが、本プログラムは List<OpenCvSharp.Point> のため、多少ソースコードは変更が必要です。処理そのものは、前章のプログラムと同じです。

　MouseDown メソッドは、入力画像を表示しているフォームでマウスボタンが押されたときに制御が渡ります。mPsrc が保持している座標の数が 4 以下なら、単純に Add メソッドで渡された座標を mPsrc へ追加します。すでに 4 つの頂点が指定されていたら、渡された座標近辺を探し、近い場所に指定済みの頂点があればその座標を書き換えます。これは、4 つの頂点を指定後に、少し位置を調整したくなった時に簡単に変更できることを意味します。周辺がどこまでを指すかはソースコードを参照してください。

　Clear メソッドは、指定されていた座標をすべてクリアし、最初の画像の Bitmap オブジェクトを返します。これは、マウスの右ボタンを押して指定頂点をリセットしたい場合、あるいは新しい画像を読み込んだ時に呼び出されます。

　GetRectsOnBmp メソッドは、元画像にマウスで指定した位置と、4 つの頂点を指定したときに矩形を表示します。指定した座標は Cv2.Circle で描き、矩形は Cv2.Polylines で描きます。前章のプログラム同様、矩形を描くときは SortSrcPoints メソッドを呼び出し、透視投影が正常に動作するように座標を並び替えます。

　Rotated メソッドも、機能的には前章のプログラムと同じです。表示用のフォームでマウ

スをクリックするたびに呼び出されます。呼び出されるたびに、座標を右回りに90°回転し、それをBitmapオブジェクトへ変換して返します。

　以降に、マウスで頂点を指定する過程を示します。まず、3つの頂点を指定後、4つ目の頂点を指定した様子を示します。どのような順序で指定しても、必ず枠を描くように表示されます。線がクロスすることはありません。これは、頂点を並び替えているためです。

図7.2●頂点をマウスで指定

　この状態で［処理］メニュー項目を選択し、透視投影を行います。以降に、その結果を示します。

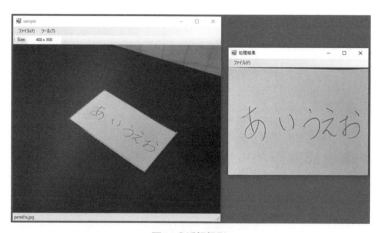

図7.3●透視投影

　別の画像を用いた例を示します。まず、頂点の指定時に少しずれた位置をクリックした様子

を示します。当然ですが透視投影すると、期待していた結果と異なります。

図7.4●頂点の指定がずれた例

　このような場合は、マウスの右ボタンをクリックしてクリアし、最初からやり直す。あるいは、ずれている頂点の近くをクリックすることで位置を微調整できます。

図7.5●頂点の調整

　近隣の範囲はプログラムで決定していますので、ソースコードを変更すると変わります。もっと使いやすくしたければ、一度決定した位置を掴んで移動できるようにすると良いでしょう。しかし、そのような改良は本書の趣旨ではないため、この程度とします。ただ、OpenCvSharp を使用すると C# の機能を活用できますのでユーザーインターフェースが向上するのは理解できると思います。

対象の物体を傾いた状態、かつ逆さまから写した画像を透視投影してみましょう。結果も逆さまになってしまいました。内部で頂点の並び替えを行っていますので必ず逆さまになるとは限りませんが、一般的に逆さまに映っているオブジェクトは逆さまに透視投影されます。

図7.6●別の画像

このようなときは、処理結果を表示しているフォームをマウスでクリックすると、一回のクックで右回りに90°回転しますので、適切な方向に変更してください。

図7.7●回転

7.2 オブジェクト除去

　本プログラムは、画像に含まれるオブジェクトを除去します。入力画像に含まれる除去対象オブジェクトをマウスで指定します。オブジェクトの除去は、除去したいオブジェクトの近傍から補間します。

　これまでと大きく異なるのは、マウス操作の管理を新しいクラスにまとめたことです。CSAreas.cs というファイルを追加し、このファイルに CSAreas クラスを実装しました。このクラスはマウスで指定した領域の管理やマウスで指定した範囲に枠を描きます。CSAreas クラス自体については後述します。

　フォームはこれまでに紹介したものと変わりません。フォームに対応するソースコードも、これまでと大きな違いはありませんが、マウス操作の管理を新しいクラスにまとめたため、Form1 に対するソースコードを若干変更する必要があります。

リスト7.3●ソースリストの一部（ElimObjsMouse-Form1.cs）

```
using System;
using System.IO;
using System.Drawing;
using System.Windows.Forms;

using CCvLibrary;
using CSAreasLibrary;

namespace Sample
{
    public partial class Form1 : Form
    {
        private readonly string ttl = "sample";
        private readonly Form2 mForm2 = null;
        private CCvFunc ccvfunc = null;
        private CSAreas mCsarea = null;
        private Point mStartPoint;

        public Form1()
        {
            InitializeComponent();
                ⋮
```

```
        mForm2 = new Form2();
        ccvfunc = new CCvFunc();
        mCsarea = new CSAreas();
    }

        ⋮

    // open file
    private void OpenFile(string fname = null)
    {
        ⋮
        toolSSLbl.Text = Path.GetFileName(nfname);   //ファイル名表示

        if (mForm2.Validate())
        {
            mForm2.Hide();
        }

        mCsarea.SetNewImage(bmp);
    }

        ⋮

    private void ToolMenuEffect_Click(object sender, EventArgs e)
    {
        ⋮
            Cursor = Cursors.WaitCursor;

            mForm2.DoCvShow(ccvfunc, mCsarea.GetRects());
        ⋮
    }

        ⋮

    // Mouse Down
    private void pBox_MouseDown(object sender, MouseEventArgs e)
    {
        ⋮
            if (e.Button == MouseButtons.Right)      // マウスの右ボタンならUndo
            {
                mCsarea.RemoveRectangle(new Point(e.X, e.Y));
                pBox.Image = mCsarea.GetRectsOnBmp();
```

```
                    }
                    else
                    {
                        if (e.Button != MouseButtons.Left)   // マウスの左ボタン以外なら無視
                            return;

                        pBox.MouseMove += new MouseEventHandler(pBox_MouseMove);
                        pBox.MouseUp += new MouseEventHandler(pBox_MouseUp);

                        mStartPoint = new Point(e.X, e.Y);   // 開始座標を設定
                        Rectangle rect = new Rectangle(mStartPoint.X, mStartPoint.Y, 0, 0);
                        mCsarea.AddRectangle2Last(rect);
                    }
                    ⋮
            }

            // Mouse Up
            private void pBox_MouseUp(object sender, MouseEventArgs e)
            {
                pBox.MouseMove -= pBox_MouseMove;
                pBox.MouseUp -= pBox_MouseUp;
            }

            // Mouse Move
            private void pBox_MouseMove(object sender, MouseEventArgs e)
            {
                // 範囲を更新
                int width = e.X - mStartPoint.X;
                int height = e.Y - mStartPoint.Y;
                Rectangle rect = new Rectangle(mStartPoint.X, mStartPoint.Y, width,
                                                                        ∟ height);

                mCsarea.UpdateLastRectangle(rect);
                pBox.Image = mCsarea.GetRectsOnBmp();
            }
        }
    }
```

　プログラムの先頭に using CSAreasLibrary; を追加して、追加したクラスの参照が簡単になるようにします。クラスのフィールドとして、mCsarea と mStartPoint を追加します。mCsarea は CSAreas クラスのインスタンス管理、mStartPoint はマウスボタンが最初に押された位置を保持するのに使用します。CSAreas クラスのインスタンス化はコンストラクター

で行います。

　新しい画像ファイルを開くときに呼び出される CSAreas クラスの SetNewImage メソッド で、クラスが管理している画像を入れ替えます。また、クラスが管理している指定範囲のリス トもクリアします。

　[処理]メニュー項目が選択されたときに制御の渡る ToolMenuEffect_Click メソッド内 から、mForm2 の DoCvShow メソッドを呼び出します。この際に、マウスで指定した範囲のリ ストも渡します。

　pBox_MouseDown メソッドへは、マウスボタンが押されたときに制御が渡ってきます。画 像を読み込んでいないときにマウスボタンが押されても無視します。押されたマウスボタンが 右なら、CSAreas クラスの RemoveRectangle メソッドを呼び出します。RemoveRectangle メソッドは、座標から適切と思われる領域を探し削除します。その後、CSAreas クラスの GetRectsOnBmp を呼び出し、更新された画像を表示します。

　押されたマウスボタンが左ボタンなら、マウスで領域を指定する開始作業ですので、 MouseMove と MouseUp に対応するハンドラーを登録します。そして受け取った座標を元に生 成した Rectangle オブジェクト rect を引数に CSAreas クラスの AddRectangle2Last メ ソッドを呼び出し CSAreas クラスが管理する座標リストの最後に追加します。

　pBox_MouseUp メソッドは、マウスボタンが離されたときに制御が渡ってきます。領域の 指定作業が完了したときですので、MouseMove と MouseUp に対応するハンドラーを削除しま す。

　pBox_MouseMove メソッドへは、マウスが移動したときに制御が渡ってきます。受け取っ た座標と、マウスの左ボタンが押された開始点から Rectangle オブジェクト rect を生 成し、CSAreas クラスの UpdateLastRectangle メソッドを呼び出し CSAreas クラスが 管理する座標リストの最後に格納されている値を更新します。その後、CSAreas クラスの GetRectsOnBmp を呼び出し、更新された画像を表示します。

　Form2 に対するソースコードの変更はごくわずかです。変更点のある DoCvShow メソッド を以降に示します。

リスト7.4●DoCvShowメソッド （ElimObjsMouse-Form2.cs）

```
public void DoCvShow(CCvFunc ccvfunc, List<Rectangle> listRect)
{
    mCcvfunc = ccvfunc;
```

```
    Bitmap bmp = mCcvfunc.DoCvFunction(listRect);
    if (bmp != null)
    {
        pBox.Image = bmp;
        AdjustWinSize(pBox.Image);
        Show();
    }
}
```

これまでと異なるのは、CCvFunc クラスの DoCvFunction メソッドを呼び出すときに、引数で受け取った List<Rectangle> を渡す部分だけです。

次に、新規に追加した CSAreas クラスの説明を行います。本クラスはマウスで範囲を指定するために用意しました。ほかのプロジェクトでも使用します。OpenCV と直接関連しませんので、説明は簡単に行います。OpenCV のみにしか関心のない人は読み飛ばして良いでしょう。

リスト7.5●CSAreas.cs

```
using System;
using System.Collections.Generic;
using System.Drawing;

namespace CSAreasLibrary
{
    class CSAreas
    {
        private List<Rectangle> mListRect;
        private Bitmap mSrcBmp;

        //---------------------------------------------------------------
        // コンストラクタ
        public CSAreas()
        {
            mListRect = new List<Rectangle> { };
        }

        //---------------------------------------------------------------
        // set new image
        public void SetNewImage(Bitmap bmp)
        {
```

```csharp
        mSrcBmp = (Bitmap)bmp.Clone();
        mListRect.Clear();
    }


    //----------------------------------------------------------------
    // get rectangles
    public List<Rectangle> GetRects()
    {
        return mListRect;
    }


    //----------------------------------------------------------------
    // draw rects on bmp
    public Bitmap GetRectsOnBmp()
    {
        Bitmap bmp = (Bitmap)mSrcBmp.Clone();
        using (Graphics g = Graphics.FromImage(bmp))
        using (Pen p = new Pen(Color.Red, 1))
        {
            foreach (Rectangle r in mListRect)
            {
                g.DrawRectangle(p, r);
            }
        }
        return bmp;
    }


    //----------------------------------------------------------------
    // remove last Rectangle
    public void RemoveRectangle(Point pt)
    {
        foreach (Rectangle r in mListRect)
        {
            if (pt.X >= r.X && pt.X <= (r.X + r.Width) &&
                pt.Y >= r.Y && pt.Y <= (r.Y + r.Height))
            {
                mListRect.Remove(r);
                return;
            }
        }
    }
```

```
//----------------------------------------------------------------
// add Rectangle to last
public void AddRectangle2Last(Rectangle rect)
{
    mListRect.Add(rect);
}


//----------------------------------------------------------------
// update values of last Rectangle
public void UpdateLastRectangle(Rectangle inrect)
{
    Rectangle rect = NormRect(inrect, mSrcBmp.Size);
    mListRect[mListRect.Count - 1] = rect;
}


//----------------------------------------------------------------
// normalize/clip Rectangle to area
private Rectangle NormRect(Rectangle rect, Size size)
{
    Point ptStart = new Point(rect.X, rect.Y);
    Point ptEnd = new Point(rect.X + rect.Width, rect.Y + rect.Height);
    int width = rect.X + rect.Width;
    int height = rect.Y + rect.Height;

    // normalize
    int nX = Math.Min(ptStart.X, ptEnd.X);
    int nY = Math.Min(ptStart.Y, ptEnd.Y);
    int nWidth = Math.Abs(ptEnd.X - ptStart.X);
    int nHeight = Math.Abs(ptEnd.Y - ptStart.Y);

    // clip
    nWidth = Math.Min(size.Width - nX - 1, nWidth);
    nHeight = Math.Min(size.Height - nY - 1, nHeight);
    if (nX < 0)
    {
        nWidth += nX;
        nX = 0;
    }
    if (nY < 0)
    {
        nHeight += nY;
        nY = 0;
```

```
        }
        return new Rectangle(nX, nY, nWidth, nHeight);
      }
    }
}
```

　フィールドの mListRect は、指定された範囲を保持する List<Rectangle> です。mSrcBmp は、対象画像を保持する Bitmap オブジェクトです。

　コンストラクターで行っていることは、指定された範囲を保持する List<Rectangle> のインスタンスを生成することです。

　SetNewImage メソッドは、渡された Bitmap オブジェクトを mSrcBmp へコピーし、新しい対象画像とします。また、指定された範囲を保持する mListRect をクリアします。

　GetRects メソッドは、範囲を保持する mListRect を返す単純なメソッドです。

　GetRectsOnBmp メソッドは、現時点で指定されているエリアを現在の画像に描き、その Bitmap オブジェクトを返します。

　RemoveRectangle メソッドは、指定された座標が含まれる最初の矩形を、mListRect から削除します。もし、対象の矩形が複数存在する場合、最初に見つかったものを削除します。

　AddRectangle2Last メソッドは、引数の Rectangle を mListRect の最後に追加します。

　UpdateLastRectangle メソッドは、mListRect の最後を渡された Rectangle で差し替えます。差し替えの前に、渡された Rectangle を NormRect メソッドで並び替えます。これは、後々の処理で不都合が生じないようにするためです。

　NormRect メソッドは、引数の Rectangle を Size に合わせ、正規化とクリップを行います。マウスで範囲を指定する場合、範囲の左上を始点にマウスを右下にドラッグするとは限りません。右下を始点に、左上に移動する人もいます。このような場合、単純に処理したのでは Rectangle の Width や Height が負の値を持つ場合もあります。本メソッドは、渡された Rectangle を調べ、右上が必ず x、y ともに若い値になるように調整し、Rectangle の Width や Height も必ず正の値を持つように正規化します。さらに、マウスが対象オブジェクト外まで移動する場合もありますので、そのような場合はオブジェクトの境界へ範囲をクリップします。以降にクリップ処理の概念を示します。

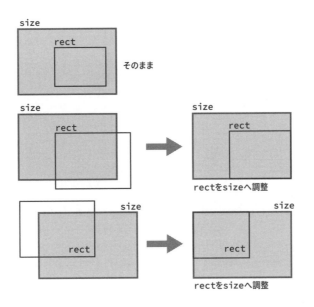

図7.8●クリップ処理の概念

　さて、実行してみましょう。基本的には除去したいオブジェクトをマウスで指定します。適切な位置でマウスの左ボタンを押し、そのままドラッグすると四角形が描かれます。適切な範囲を指定できたらマウスボタンを離します。すると最終的な指定範囲が表示されます。2か所を指定し、オブジェクトを除去した様子を示します。

図7.9●複数のオブジェクト除去

マウスをフォームの範囲外まで移動したときの様子を示します。マウスの左ボタンを押したままフォーム外まで移動すると、指定範囲は画像内にクリップされます。

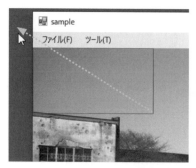

図7.10●画像内にクリップ

また、すでに指定した範囲内の任意の位置でマウスの右ボタンをクリックすると、その範囲の指定を取り消すことができます。範囲の指定をやり直したい場合は、この方法でいったん取り消して再度指定してください。

キャンセルしたい枠内で
マウスの右ボタンをクリックする

図7.11●範囲指定の取り消し

今度は、古い写真のノイズ除去へ応用を紹介してみましょう。この例では、写真に色が薄くなった部分がいくつも存在し、背景が汚れたように見える写真があります。これをスキャンし、その薄くなった部分を周りの色で補間させます。まず、該当する複数の部分をマウスで指定します。その後、オブジェクト除去を行ってみます。

図7.12●ノイズを除去

　枠があると分かりにくいため、処理前と処理後の画像を示します。

図7.13●処理前と処理後の画像

7.3 オブジェクトのサイズを変更

　先のプログラムで開発したマウスで領域を指定するCSAreasクラスを応用し、指定した領域を中心に画像を拡大・縮小するプログラムを紹介します。

　フォームは先のプログラムにToolStripコントロールを追加します。Form1は6.3節「矩形の検出」などで紹介したものと同じで、Form2は直前と同じです。フォームに対応するソースコードも、これまでと大きな違いはありませんが、少しだけ変わりますので簡単に説明します。

■ Form1.cs の変更点 ■

コンストラクター：

ToolStrip コントロールの TextBox に対する以下のコードを追加します。これも、6.3 節「矩形の検出」などで解説した内容と同様です。

```
tSTextBox.Text = "1.2";
tSTextBox.TextBoxTextAlign = HorizontalAlignment.Center;
```

AdjustWinSize メソッド：

ToolStrip コントロールを追加したため、フォームのサイズを調整するメソッドで、ToolStrip コントロールを意識したコードへ変更します。

```
ClientSize = new System.Drawing.Size(img.Width, img.Height
              + menuStrip1.Height +toolStrip1.Height + statusStrip1.Height);
```

ToolMenuEffect_Click メソッド：

［処理］メニュー項目が選択されたときに制御が渡る本メソッドで、mForm2 の DoCvShow メソッドを呼び出す際に、ToolStrip コントロールの TextBox に設定された値も渡すように変更します。

```
mForm2.DoCvShow(ccvfunc, mCsarea.GetRects(), tSTextBox.Text);
```

基本的に、これまでにも出てきたような変更です。

■ Form2.cs の変更点 ■

DoCvShow メソッド：

引数に拡大・縮小率が文字列で渡されるように変更します。そして、CCvfunc クラスの DoCvFunction メソッドを呼び出す際に、この拡大・縮小率を渡します。

```
Bitmap bmp = mCcvfunc.DoCvFunction(ListRect, scale);
```

Form2 の変更も、基本的に、これまでにも出てきたような変更です。

Form2.cs から呼び出される、CCv の派生クラス CCvFunc を示します。

リスト7.6●CCvFunc.cs（SizeChgMouse）

```csharp
using System;
using System.Collections.Generic;

namespace CCvLibrary
{
    public class CCvFunc : CCv
    {
        //----------------------------------------------------------------
        // コンストラクタ
        public CCvFunc() : base()
        {
        }


        //----------------------------------------------------------------
        // OpenCVを使用して処理
        public System.Drawing.Bitmap DoCvFunction(
                    List<System.Drawing.Rectangle> ListRect, string scaleText)
        {
            float scale = Convert.ToSingle(scaleText);

            mDst = mSrc.Clone();
            return DoChgObjs(mSrc, mDst, ListRect, scale);
        }
    }
}
```

DoCvFunction メソッドは Form2 から呼び出されます。string で渡された scaleText を float 型へ変換し、本クラスのスーパークラスである CCv の DoChgObjs メソッドを呼び出します。このメソッドは DoChgObjs メソッドへの橋渡しを行うだけです。

CCv クラスの DoChgObjs メソッドを示します。

```
protected System.Drawing.Bitmap DoChgObjs(
        Mat src, Mat dst, List<System.Drawing.Rectangle> ListRect, float scale)
{
    List<Mat> srcobjs = new List<Mat>(), dstobjs = new List<Mat>();

    foreach (System.Drawing.Rectangle r in ListRect)
    {
        if (r.Width == 0 || r.Height == 0)
            continue;                       //skip if area is 0

        if (scale > 1.0f)
        {   // to Big

            //入力切り出し
            Rect srcrect = new Rect(r.X, r.Y, r.Width, r.Height);
            Mat srcroi = new Mat(src, srcrect);
            srcobjs.Add(srcroi);

            //出力切り出し、少し大きくする
            int deltaW = (int)(r.Width * (scale - 1.0f)) / 2;
            int deltaH = (int)(r.Height * (scale - 1.0f)) / 2;

            Rect dstrect = new Rect(r.X - deltaW, r.Y - deltaH,
                            r.Width + deltaW * 2, r.Height + deltaH * 2);
            Rect cliprect = ClipIt(dst.Size(), dstrect);
            Mat dstroi = new Mat(dst, cliprect);
            dstobjs.Add(dstroi);
        }
        else
        {   // to Small
            //入力切り出し、少し大きくする
            int deltaW = (int)(r.Width * (1.0f - scale)) / 2;
            int deltaH = (int)(r.Height * (1.0f - scale)) / 2;

            Rect srcrect = new Rect(r.X - deltaW, r.Y - deltaH,
                    r.Width + deltaW * 2, r.Height + deltaH * 2);
            Rect cliprect = ClipIt(dst.Size(), srcrect);
            Mat srcroi = new Mat(src, cliprect);
            srcobjs.Add(srcroi);
```

```
            //出力切り出し
            Rect dstrect = new Rect(r.X, r.Y, r.Width, r.Height);
            Mat dstroi = new Mat(dst, dstrect);
            dstobjs.Add(dstroi);
        }
    }

    // 大きさを合わせる
    for (int i = 0; i < srcobjs.Count; i++)
    {
        Cv2.Resize(srcobjs[i], srcobjs[i],
                   new OpenCvSharp.Size(dstobjs[i].Cols, dstobjs[i].Rows));
    }

    // マージ、重みづけ加算
    for (int i = 0; i < srcobjs.Count; i++)
    {
        Mat weightMat = CreateCosMat(srcobjs[i].Rows, srcobjs[i].Cols);
        Mat iWeightMat = Scalar.All(255) - weightMat;
        Mat srcWeight = MulMat(srcobjs[i], weightMat);
        Mat dstWeight = MulMat(dstobjs[i], iWeightMat);
        Cv2.Add(dstWeight, srcWeight, dstobjs[i]);
    }
    return OpenCvSharp.Extensions.BitmapConverter.ToBitmap(dst);
}
```

　本メソッドは 4 つの引数を持ちます。Mat オブジェクト src は入力画像、dst は結果格納用、ListRect は対象領域を保持する System.Drawing.Rectangle のリストです。最後の scale は拡大縮小率を保持しています。OpenCvSharp の機能は CCv ならびに CCvFunc クラスに封じ込めています。ただし、これらのクラスでも C# の機能は利用します。OpenCvSharp と C# の両方に存在するものは、この例のように基本的に明示的に「System.Drawing.」などを付加します。

　まず、処理対象となる入力と出力の Mat オブジェクトを管理する List<Mat> オブジェクトの srcobjs と dstobjs を生成します。そして、渡された領域分、for 文を使用しオブジェクトのサイズを変更します。オブジェクトを拡大する場合と縮小する場合で条件分けして処理していますが、条件分けせずに処理することも可能です。ここでは分かりやすいように条件分けして処理します。

　まず、オブジェクトを大きくする場合を説明します。指定された範囲を ROI として指定した Mat オブジェクト srcobjs を生成します。このオブジェクトを、先の srcobjs へ Add メソッドで追加します。次に出力に指定された範囲を少し拡大して、Mat オブジェクト dstroi を生成します。ただし、範囲を拡大すると、画像の範囲を超えてしまうことが考えられます。このため、拡大する前に ClipIt メソッドを呼び出し、範囲が対象画像に収まるようにクリップします。この dstroi は、dstobjs へ Add メソッドで追加します。

　ソースリストを参照すると分かりますが、画像の実体をコピーして Add しているのではなく、それぞれの画像に ROI を設定して Add します。Mat を扱う場合、画像の実体がどこにあるかを意識しておくことが重要です。

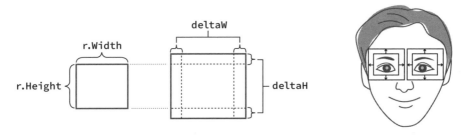

図7.14●切り出し範囲（左）と拡大の処理概念（右）

　左側が切り出す範囲で、右側が書き出す範囲です。最終的には、左側のサイズを右側に揃えますので、オブジェクトは拡大されます。

　次に、オブジェクトを小さくする場合を説明します。まず、指定された範囲を ROI として指定した Mat オブジェクト srcobjs を生成します。ただし、入力に指定された範囲を少し拡大して、Mat オブジェクト srcobjs を生成します。ただし、範囲を拡大すると、画像の範囲を超えてしまうことが考えられます。このため、拡大する前に ClipIt メソッドを呼び出し、範囲が対象画像に収まるようにクリップします。このオブジェクトを、srcobjs へ Add メソッドで追加します。次に出力に指定された範囲を ROI として指定した Mat オブジェクト dstroi を生成し、それを dstobjs へ Add メソッドで追加します。

　検出したすべての画像を srcobjs と dstobjs へ保存したら、Cv2.Resize で srcobjs が保持している画像を dstobjs が保持している画像のサイズに合わせ拡大・縮小します。

　この拡大・縮小した画像を、そのまま元の画像に戻しても良いのですが、それでは結果の境界が明確に分かり不自然な画像となってしまいます。そこで、第5章「画像合成」の 5.6 節「重みを付けて2つの画像加算」で紹介した重みテーブルを利用し、元の画像と拡大・縮小した画像をスムーズに合成します。まず、CreateCosMat メソッドを呼び出し、重みテーブル

を weightMat を取得します。さらに、weightMat と逆の値をもつ iWeightMat へ求めます。MulMat メソッドを呼び出し、入力画像と weightMat の積を srcWeight へ求めます。同様に、出力画像と iWeightMat の積を dstWeight へ求めます。これらを Cv2.Add で加算します。srcobjs と dstobjs が管理する Mat オブジェクトは、入力や出力に設定した ROI で管理される Mat ですので、Cv2.Add を行うだけで指定された領域は拡大・縮小した画像がスムーズに合成されます。

ClipIt メソッドを示します。

リスト7.8●ClipItメソッド（CCv.cs）

```
private Rect ClipIt(OpenCvSharp.Size size, Rect rect)
{
    Rect clip = rect;

    clip.Width = rect.X < 0 ? rect.Width + rect.X : clip.Width;
    clip.X = rect.X < 0 ? 0 : clip.X;

    clip.Height = rect.Y < 0 ? rect.Height + rect.Y : clip.Height;
    clip.Y = rect.Y < 0 ? 0 : clip.Y;

    clip.Width = (clip.X + rect.Width) >= size.Width ?
                            size.Width - clip.X : clip.Width;

    clip.Height = clip.Y + rect.Height >= size.Height ?
                            size.Height - clip.Y : clip.Height;

    return clip;
}
```

渡された Rect オブジェクト rect の値を OpenCvSharp.Size オブジェクト size に納まるようにクリップし、結果の Rect オブジェクトを返します。クリップ範囲は Rect オブジェクトではなく OpenCvSharp.Size オブジェクトです。開始点を必ず (0, 0) として処理するため、OpenCvSharp.Size オブジェクトで構いません。

CreateCosMat メソッドと MulMat メソッドはすでに第 5 章「画像合成」の 5.6 節「重みを付けて 2 つの画像加算」で紹介済みです。

さて、実行してみましょう。大きくしたい部分をマウスで指定します。この状態で実行してみましょう。

図7.15●1.3倍へ拡大

次に 0.7 倍へ縮小させてみましょう。

図7.16●0.7倍へ縮小

比較しやすいように、原画像、目の部分を 1.3 倍にしたもの、0.7 倍へ縮小したものを並べて示します。

図7.17●原画像と結果の比較

7.4 オブジェクトのサイズを変更・ガウス関数

　先のプログラムと同様にマウスで指定した領域を、拡大・縮小するプログラムを紹介します。先のプログラムは、リニアに拡大縮小したものを、重みテーブルを使って合成しました。本プログラムは、合成は行わずガウス関数を利用して座標を変換し拡大縮小を行います。つまり、出力画像の座標を入力画像の別の座標から持ってくることによって処理します。

　フォームは先のプログラムに近いです。ただし、Form1 の ToolStrip コントロールへ配置するのは TextBox ではなく ToolStripComboBox です。Form2 は直前と同じです。フォームに対応するソースコードも、これまでと大きな違いはありませんが、少しだけ変わりますので簡単に説明します。

■ Form1.cs の変更点 ■

コンストラクター：

　ToolStrip コントロールへ ToolStripComboBox を配置したため以下のコードを追加します。

```
tSCB.SelectedIndex = 0;
```

　なお、フォームのデザイン時に ToolStripComboBox の Items コレクションへ以下の値を設定します。

index	設定値（文字列）
0	to Big
1	to Small

ToolMenuEffect_Click メソッド：

　［処理］メニュー項目が選択されたときに制御が渡る本メソッドで、mForm2 の DoCvShow メソッドを呼び出す際に、ToolStrip コントロールの ToolStripComboBox の選ばれているインデックス値も渡します。

```
mForm2.DoCvShow(ccvfunc, mCsarea.GetRects(), tSCB.SelectedIndex);
```

　基本的に、これまでにも出てきたような変更です。

■ **Form2.cs の変更点** ■

DoCvShow メソッド：

　引数で拡大・縮小率の種別が int 型で渡されます。この値を、そのまま CCvfunc クラスの DoCvFunction メソッドを呼び出す際に渡します。

```
Bitmap bmp = mCcvfunc.DoCvFunction(ListRect, toSmall);
```

　Form2.cs から呼び出される、CCv の派生クラス CCvFunc を示します。先のプログラムと変わる点は少ないため DoCvFunction メソッドのみを示します。

リスト7.9●DoCvFunctionメソッド（SizeChgGausMouse-CCvFunc.cs）

```
public System.Drawing.Bitmap DoCvFunction(
                List<System.Drawing.Rectangle> ListRect, int toSmall)
{
    mDst = mSrc.Clone();
    return doChgObjsGausian(mDst, ListRect, toSmall);
}
```

　DoCvFunction メソッドは Form2 から呼び出されます。int で渡された toSmall などを引数に、本クラスのスーパークラスである CCv の doChgObjsGausian メソッドを呼び出します。このメソッドは doChgObjsGausian メソッドへの橋渡しを行うだけです。

　CCv クラスの doChgObjsGausian メソッドを示します。

リスト7.10●doChgObjsGausianメソッド（CCv.cs）

```
protected System.Drawing.Bitmap doChgObjsGausian(
                Mat dst, List<System.Drawing.Rectangle> ListRect, int toSmall)
{
    foreach (System.Drawing.Rectangle rr in ListRect)
    {
        if (rr.Width == 0 || rr.Height == 0)
            continue;                       //skip if area is 0

        Rect rect = new Rect(rr.X, rr.Y, rr.Width, rr.Height);
        Mat obj = new Mat(dst, rect);            // set roi

        Mat mapX = new Mat(obj.Size(), MatType.CV_32FC1); // map x cord. mat
        Mat mapY = new Mat(obj.Size(), MatType.CV_32FC1); // map y cord. mat

        float cx = obj.Cols / 2.0f;             // center cord.
        float cy = obj.Rows / 2.0f;

        for (int y = 0; y < obj.Rows; y++)      // calc src cord.
        {
            for (int x = 0; x < obj.Cols; x++)
            {
                float dx = x - cx;              // x cord. form center
                float dy = y - cy;              // y cord. form center
                double r = Math.Sqrt(Math.Pow(dx, 2) + Math.Pow(dy, 2)); // distance

                // ガウス関数、 u: 0, a: 1, sigma: obj.Cols / 8
                float gauss = gaussf((float)r, 1.0f, 0.0f, obj.Cols / 8.0f);

                if (toSmall == 0)               // 変換座標の計算
                {
                    mapX.At<float>(y, x) = cx + (dx / (gauss + 1.0f));
                    mapY.At<float>(y, x) = cy + (dy / (gauss + 1.0f));
                }
                else
                {
                    mapX.At<float>(y, x) = cx + (dx * (gauss + 1.0f));
                    mapY.At<float>(y, x) = cy + (dy * (gauss + 1.0f));
                }
            }
        }
```

7

```
        Cv2.Remap(obj, obj, mapX, mapY, InterpolationFlags.Cubic,
                                            └ BorderTypes.Replicate);
    }
    return OpenCvSharp.Extensions.BitmapConverter.ToBitmap(dst);
}


//--------------------------------------------------------
// gaussf
private float gaussf(float x, float a, float mu, float sigma)
{
    return a * (float)Math.Exp(-Math.Pow((x-mu), 2) / (2 * Math.Pow(sigma, 2)));
}
```

　本メソッドは3つの引数を持ちます。Mat オブジェクト dst は処理対象の画像、ListRect
は対象領域を保持する System.Drawing.Rectangle のリストです。最後の toSmall は拡大
するか縮小するかを示すフラグです

　オブジェクトを拡大するときの処理を説明します。オブジェクトの中心部を大きく引き伸ば
し、外側へ向かうほど徐々に引き伸ばす量を少なくします。これによって指定した領域を自然
に拡大します。このように中心部を大きく引き伸ばし、徐々に引き伸ばし量を減らす方法はい
くつも存在します。簡単な方法はリニアに中心部から値を減らしていく方法があるでしょう。
あるいは、先のプログラムを応用しても良いでしょう。ここでは、ガウス関数を利用すること
とします。ガウス関数は下図のような x、y の関係を示す釣鐘型の関数です。

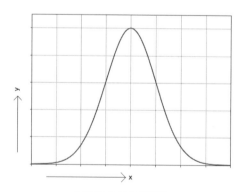

図7.18●ガウス関数

　ガウス関数は、いろいろな式で表すことができますが、一般的に以下の式が使われるで
しょう。

$$y = \frac{1}{\sqrt{2\pi}\sigma} \exp\left\{ -\frac{(x-\mu)^2}{2\sigma^2} \right\}$$

もう少し簡便化して

$$y = a \cdot \exp\left\{ -\frac{(x-\mu)^2}{2\sigma^2} \right\}$$

と表現しても良いでしょう。本プログラムでは、この式をメソッド化し、gaussf へ実装します。

本プログラムは、gaussf メソッドを呼び出す際に、$a=1$、$\mu=0$ を与えます。これから上式を簡略化すると、

$$y = \exp\left\{ -\frac{x^2}{2\sigma^2} \right\}$$

と表現できます。σ を変更したときの x と y の関係を図に示します。

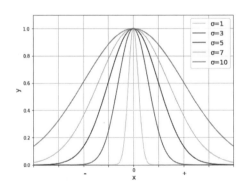

図7.19●σを変更したとき

つまり σ の値次第でオブジェクトの拡大の様子が変わります。σ が大きいと広範囲が拡大対象となりますが、あまりにも大きすぎると対象外部分との境界に違和感が発生するでしょう。逆に小さすぎると中心部だけが極端に拡大されてしまうでしょう。どのような値が適切か調べるには試行錯誤が必要でしょう。さらに渡される対象範囲の大きさは不定です。そこで、本書では、σ に「オブジェクトの横幅 / 8」を採用しています。なお、ここまでの説明は数学的な意味から x と y を使っています。本プログラムに対応させると、x は r（= オブジェクト中心からの距離）で、y は gauss に対応します。

　最後に、中心からの座標 dx、dy をガウス関数で得られた値を使って mapX と mapY を設定します。この mapX と mapY は、Cv2.Remap で使われます。これ以上の詳細については、参考文献やソースコードを参照してください。縮小する場合、除算した部分を乗算に変更するだけです。こちらも違いはソースコードを参照してください。なお、μに 0 を与えていますが、これを変更すると中心を移動でき、aに 1 を与えていますが、これを変更すると、gauss に得る値の範囲が変わります。詳しくは、参考サイトなどに示したガウス関数の解説を読んでください。

　さて、実行してみましょう。大きくしたい部分をマウスで指定します。この状態で実行してみましょう。

図7.20●拡大

次にドロップダウンから「to Small」を選択し、指定した部分を縮小させてみます。

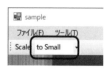

図7.21●縮小

　ガウス関数を利用して座標計算しているため、指定範囲を変えることによって拡大率が変わります。この例では、先の指定に比較して狭い範囲を選択します。処理結果から分かるように、目の大きさが先の指定に比べ、それ程でもないのが分かります。

図7.22●指定範囲の変更

どのように座標が変換されるか分かりやすいように、格子状の画像を使った例を示します。

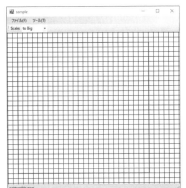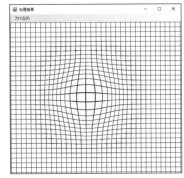

図7.23●格子状の画像

■Cv2.Remap■

一般的な幾何学的変換を画像に適用します。

```
public static void Remap (
        InputArray          src,
        OutputArray         dst,
        InputArray          map1,
        InputArray          map2,
        InterpolationFlags  interpolation = InterpolationFlags.Linear,
        BorderTypes         borderMode = BorderTypes.Constant,
        Nullable<Scalar>    borderValue = null
)
```

引数

src	入力画像です。
dst	出力画像です。サイズは map1 と、型は src と同じです。
map1	1番目のx座標の (x,y) マップ、または単なる値xの1番目のマップです。型は CV_16SC2、CV_32FC1、あるいは CV_32FC2 です。
map2	2番目のy座標のマップ、あるいは none（map1 が (x, y) である場合は空のマップ）です。型は CV_16SC2 か CV_32FC1 です。
interpolation	オプションの補間法です。Area はサポートされません。
borderMode	オプションのピクセル外挿法です。borderMode = Transparent の場合、入力画像を外れた場合、変更されません。
borderValue	オプションの一定の境界線の場合に使用される値です。デフォルトは 0 です。

第8章

オブジェクトの
検出とサイズ変更

オブジェクトの検出や、検出したオブジェクトサイズ変更などを行うプログラムを紹介します。

8.1 | オブジェクト検出

本プログラムは、画像に含まれる特定のオブジェクトを検出します。顔検出や、いろいろなオブジェクト検出に必要な学習ファイルは OpenCV に含まれています。本プログラムは、これらのオブジェクト検出に必要な学習ファイルを引数で渡すことによってオブジェクトを検出します。オブジェクト検出に必要な学習ファイルは、GitHub（https://github.com/opencv/opencv/tree/master/data/haarcascades）や、OpenCV をインストールして sources/data/haarcascades フォルダなどを参照してください。

フォームは 3.10 節「ユーザーインターフェースと OpenCvSharp を分離」などと同様です。ただし、ドロップできるファイルは画像ファイルと検出器の両方に対応します。ユーザーインタフェースの変更はありませんのでフォームの解説は省略します。読み込んだ画像を表示する Form1 に対するソースコードは若干の変更がありますので、その主要な部分だけ示します。

リスト8.1●ソースリストの一部（DetectObjects-Form1.cs）

```csharp
    ⋮
private string mObjDetector;
    ⋮
private void OpenFile(string fname = null)
{
    Bitmap bmp;
    string nfname = fname;

    if (Path.GetExtension(fname) == ".xml")
    {
        mObjDetector = nfname;
    }
    else
    {
        (nfname, bmp) = ccvfunc.OpenFileCv(fname);
        if (bmp == null)
        {
            return;
        }
        ⋮
    }
    ToolMenuEffect_Click(null, null);
}

// 「処理」メニュー項目
private void ToolMenuEffect_Click(object sender, EventArgs e)
{
    ⋮
    if (pBox.Image == null || mObjDetector == null) // 読み込んでいるか
        return;

    Cursor = Cursors.WaitCursor;

    mForm2.DoCvShow(ccvfunc, mObjDetector);
    ⋮
}
    ⋮
```

OpenFile メソッドはファイルを開くメソッドです。渡されたファイル名の拡張子が .xml

の場合は検出器と判断し、mObjDetector へファイル名を保存します。ファイル名が検出器でない場合は、これまでと同様です。

処理メニューが選ばれると ToolMenuEffect_Click メソッドが呼び出されます。Form2 の DoCvShow メソッドを呼び出しますが、引数に CCvFunc オブジェクトと検出器のファイル名を指定します。

結果を表示する Form2 に対するソースコードも、DoCvShow メソッドに若干の変更がありますのでその部分だけ示します。

リスト8.2●DoCvShowメソッド（DetectObjects-Form2.cs）

```
public void DoCvShow(CCvFunc ccvfunc, string Detector)
{
    mCcvfunc = ccvfunc;

    Bitmap bmp = mCcvfunc.DoCvFunction(Detector);
    if (bmp != null)
        ⋮
}
```

基本的にこれまでのプログラムと大きな違いはなく、ドロップされた検出器のファイル名を渡すように変わっただけです。

Form2.cs から呼び出される、CCv の派生クラス CCvFunc を示します。

リスト8.3●CCvFunc.cs（DetectObjects）

```
using OpenCvSharp;

namespace CCvLibrary
{
    public class CCvFunc : CCv
    {
        //-------------------------------------------------------------
        // コンストラクタ
        public CCvFunc() : base()
        {
        }
```

8

```
//--------------------------------------------------------------
// OpenCVを使用して処理
public System.Drawing.Bitmap DoCvFunction(string nDetector)
{
    using (Mat gray = new Mat())
    using (Mat equalize = new Mat())
    using (var objDetector = new CascadeClassifier(nDetector))
                                          └ // create detector
    {
        Cv2.CvtColor(mSrc, gray, ColorConversionCodes.BGR2GRAY);
        Cv2.EqualizeHist(gray, equalize);

        Rect[] objs = objDetector.DetectMultiScale(equalize, 1.2, 2,
            HaarDetectionType.ScaleImage, new OpenCvSharp.Size(30, 30));

        mDst = mSrc.Clone();
        foreach (var it in objs)
        {
            Cv2.Rectangle(mDst, new OpenCvSharp.Point(it.X, it.Y),
                new OpenCvSharp.Point(it.X + it.Width, it.Y + it.Height),
                                    Scalar.Red, 2, LineTypes.AntiAlias);
        }
    }
    return OpenCvSharp.Extensions.BitmapConverter.ToBitmap(mDst);
}
```

DoCvFunction メソッドは Form2 から呼び出されます。オブジェクト検出に用いる画像は、輝度平滑化を行います。そのため、読み込んだ画像を、まず Cv2.CvtColor でグレイスケールへ変換します。そして Cv2.EqualizeHist を使用し、輝度平滑化後の画像を Mat オブジェクト equalize へ求めます。

次に、物体検出のためのカスケード分類器である CascadeClassifier オブジェクトobjDetector を生成します。引数には、メソッドに渡されたオブジェクト検出に必要な学習ファイルを指定します。CascadeClassifier オブジェクトの DetectMultiScale メソッドを使用し、画像に含まれるオブジェクトを検出します。検出したオブジェクトの周りを囲むように Cv2.Rectangle で枠を描きます。この枠を描いた画像を Bitmap オブジェクトへ変換して、呼び出し元へ返します。

　さて、実行してみましょう。目の検出を行うカスケード分類器をドロップし、次に顔の画像をドロップします。

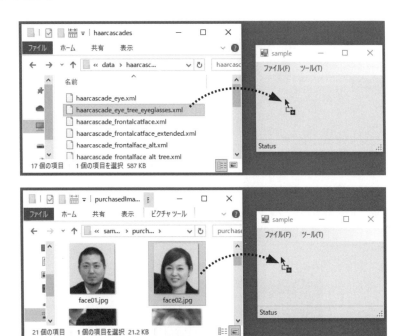

図8.1●ファイルをドロップ

　すると、入力画像の表示フォームにドロップした画像が、処理結果フォームに検出した部分を四角形で枠を描いた画像が表示されます。本例では、目の部分を検出できています。

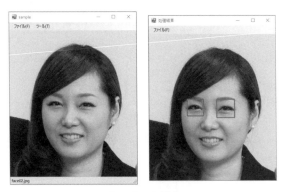

図8.2●目を検出

　この状態で、顔全体を検出するカスケード分類器をドロップしてみましょう。

図8.3●顔全体を検出

　今度は処理対象画像を入れ替えてみます。入力画像を表示しているフォームに新しい画像をドロップします。するとドロップした画像に検出した部分を四角形で枠を描いたものが表示されます。

図8.4●処理対象画像を入れ替える

■ CascadeClassifier クラスのコンストラクター ■

ファイルからカスケード分類器（分類子）をロードします。

```
public CascadeClassifier(
        string   fileName
)
```

filename　　　ファイル名です。このファイルから分類器が読み込まれます。

■ CascadeClassifier.DetectMultiScale ■

入力画像中から異なるサイズのオブジェクトを検出します。検出されたオブジェクトは、Rect の配列で返されます。

```
public virtual Rect[] DetectMultiScale (
        Mat                image,
        double             scaleFactor = 1.1,
        int                minNeighbors = 3,
        HaarDetectionType  flags = 0,
        Nullable<Size>     minSize = null,
        Nullable<Size>     maxSize = null
)
```

8

引数

image　　　　CV_8U 型の行列です。ここに含まれる画像からオブジェクトを検出します。

scaleFactor　各画像スケールで画像サイズをどれだけ縮小するかを指定するパラメーターです。スケール毎に、画像が縮小される割合を指定します。

minNeighbors　それぞれの候補矩形に対して、何個の近接矩形があればよいかを指定します。

flags　　　　古い cvHaarDetectObjects と同じ意味の引数です。新しいカスケードでは使用されません。

minSize　　　取り得る最小のオブジェクトサイズです。これより小さなオブジェクトは無視されます。

maxSize　　　取り得る最大のオブジェクトサイズです。これより大きなオブジェクトは無視されます。

8.2 | 自動でオブジェクトを検出し拡大

前節のプログラムを拡張し、学習ファイルを使って検出したオブジェクトのサイズを拡大するプログラムを紹介します。フォームなどのユーザーインターフェースは前節とまったく同じです。

Form2.cs から呼び出される、CCv の派生クラス CCvFunc を示します。

リスト8.4●CCvFunc.cs（DetectObsToBig）

```
using System.Collections.Generic;
using System.Drawing;

using OpenCvSharp;

namespace CCvLibrary
{
    public class CCvFunc : CCv
    {
        //----------------------------------------------------------------
        // コンストラクタ
        public CCvFunc() : base()
        {
        }


        //----------------------------------------------------------------
        // OpenCVを使用して処理
        public System.Drawing.Bitmap DoCvFunction(string nDetector)
        {
            List<System.Drawing.Rectangle> ListRect =
                                        new List<System.Drawing.Rectangle>();

            using (Mat gray = new Mat())
            using (Mat equalize = new Mat())
            using (var objDetector = new CascadeClassifier(nDetector))
                                                        └ // create detector
            {
                Cv2.CvtColor(mSrc, gray, ColorConversionCodes.BGR2GRAY);
                Cv2.EqualizeHist(gray, equalize);
```

```
        Rect[] objs = objDetector.DetectMultiScale(equalize, 1.2, 2,
            HaarDetectionType.ScaleImage, new OpenCvSharp.Size(30, 30));

        foreach (var it in objs)
        {
            ListRect.Add(new Rectangle(it.X, it.Y, it.Width, it.Height));
        }
    }
    mDst = mSrc.Clone();
    return DoChgObjs(mSrc, mDst, ListRect, 1.3f);
    }
  }
}
```

　DoCvFunction メソッドは Form2 から呼び出されます。これまで紹介した前節のプログラ
ムや、7.3 節「オブジェクトのサイズを変更」などで紹介済みです。CascadeClassifier オ
ブジェクトでオブジェクトを検出し、CCv クラスの DoChgObjs メソッドで拡大します。その
時に、拡大率として 1.3 をハードコードしています。

　さて、実行してみましょう。目の検出を行うカスケード分類器と画像ファイルをフォームに
ドロップした様子を示します。すると、入力画像を表示し、処理結果フォームには検出した部
分を拡大して画像が表示されます。本例では、目が拡大されています。

図8.5●目を拡大

別の画像をドロップした例を示します。

図8.6●画像を変更

8.3 自動でオブジェクトを検出し拡大・ガウス関数

前節のプログラムを変更し、オブジェクトを拡大するときにガウス関数を利用します。フォームなどのユーザーインターフェースは前節とまったく同じです。Form2.cs から呼び出される、CCv の派生クラス CCvFunc の変更も 1 行のみで、DoCvFunction メソッドの末尾の行を次のように変更します。

```
return DoChgObjs(mSrc, mDst, ListRect, 1.3f);
```

⬇

```
return doChgObjsGausian(mDst, ListRect, 0);
```

DoChgObjs メソッドを doChgObjsGausian メソッドへ変更し、最後の引数を 1.3f から 0 へ書き換えるだけです。

さて、実行してみましょう。目の検出を行うカスケード分類器と画像ファイルをフォームにドロップした様子を示します。すると、入力画像を表示し、処理結果フォームには検出した部分を拡大して画像が表示されます。本例では、目が拡大されます。

図8.7●目を拡大

別の画像をドロップした例を示します。

図8.8●画像を変更

8

8.4 | テンプレートマッチング

　テンプレートを使用し、画像検索するプログラムを紹介します。フォームなどのユーザーインターフェースは前節と同じです。これまでは、オブジェクト検出に使用するファイル名を mObjDetector へ保存していましたが、本プログラムは、テンプレート画像ファイル名をmTemplate へ保存します。Form1 に対応するソースコードで異なる部分は、これくらいです。このため、フォームに対応するソースコードは示しません。

　以降に、Form2.cs から呼び出される、CCv の派生クラス CCvFunc を示します。先のプロ

グラムと変わる点は少ないため DoCvFunction メソッドのみを示します。

リスト8.5●DoCvFunctionメソッド（Template-CCvFunc.cs）

```
public System.Drawing.Bitmap DoCvFunction(string template)
{
    using (Mat templImg = Cv2.ImRead(template))
    {
        // Template matching
        Mat result = new Mat();
        Cv2.MatchTemplate(mSrc, templImg, result,
                                    └ TemplateMatchModes.CCoeffNormed);

        // result
        Mat mDst = mSrc.Clone();
        result.MinMaxLoc(out _, out double maxVal, out _, out Point maxLoc);
        if (maxVal > .8)
        {
            mDst.Rectangle(maxLoc,
            new Point(maxLoc.X + templImg.Cols, maxLoc.Y + templImg.Rows),
                                                └ Scalar.Red);
        }
        return OpenCvSharp.Extensions.BitmapConverter.ToBitmap(mDst);
    }
}
```

DoCvFunction メソッドは Form2 から呼び出されます。引数の template にテンプレート画像のファイル名が格納されます。これを使用して Cv2.ImRead メソッドで画像を読み込みます。次に、Cv2.MatchTemplate メソッドを使用し、大きな画像内に存在する（であろう）小さな画像を探します。この例では探す手法に CCoeffNormed を採用します。得られた行列 result を MinMaxLoc メソッドの引数に与え、最大値と、その座標を求めます。最大値が 0.8 以上であれば、画像検索が成功したとみなし、その領域に枠を描きます。

　以降に実行例を示します。まず、検索対象画像（大きな画像）をフォームにドロップします。次に、テンプレート画像をドロップします。すると、画像検索を行い、結果のフォームを表示します。画像を検索できなかった場合、枠のない画像が表示されます。

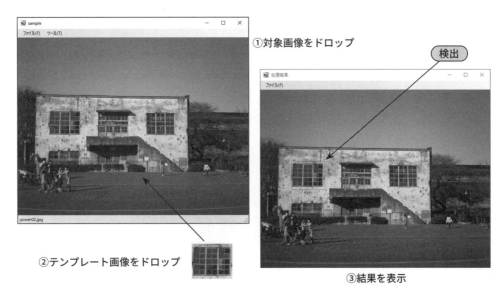

①対象画像をドロップ

検出

②テンプレート画像をドロップ

③結果を表示

図8.9●実行例

本プログラムは、探索対象となる画像と探索されるテンプレートの大きさを検査していません。そのため、間違った使い方をすると Cv2.MatchTemplate メソッドでエラーが発生します。

画像を変更した例も示します。

①対象画像をドロップ

検出

②テンプレート画像をドロップ

③結果を表示

図8.10●画像を変更

　本処理で得られた比較結果のマップを可視化したものも示します。最も輝度の高い（白に近い）点が検出位置です。

図8.11●比較結果のマップを可視化

■Cv2.MatchTemplate■

　テンプレートと、それに重なった画像領域を比較します。引数 templ を image 全体に対してスライドさせながら、指定された領域を指定された方法で比較します。その結果を result に保存します。

```
public static void MatchTemplate (
        InputArray         image,
        InputArray         templ,
        OutputArray        result,
        TemplateMatchModes method,
        InputArray         mask = null
)
```

引数

image　　　探索対象となる画像です。8 ビット、または 32 ビットの浮動小数点型でなければなりません。

templ　　　探索されるテンプレートです。探索対象となる画像より小さく、かつ同じデータ型でなければなりません。

result　　　比較結果のマップです。1 チャンネルで型は 32 ビット浮動小数点です。image のサイズが W × H で、templ のサイズが w × h とすると、このサイ

ズは (W − w + 1) × (H − h + 1) です。

method　　比較手法です。手法には、SqDiff、SqDiffNormed、CCorr、CCorrNormed、
　　　　　　CCoeff、そして CCoeffNormed があります。詳細については OpenCV の仕
　　　　　　様を参照してください。

mask　　　　オプションの処理マスクです。templ と同じデータ型で同じサイズでなけれ
　　　　　　ばなりません。デフォルトでは設定されません。

■ Mat.MinMaxLoc ■

行列内の大域最小値および大域最大値を検索し、それらの値と場所を返します。最小値、最
大値そして、それらの位置を探します。マスクが指定された場合、該当する領域を探します。
マスクが指定されない場合、あるいは空のマスクが指定された場合、全体を探します。この関
数は、マルチチャンネルでは動作しません。

```
public void MinMaxLoc (
        out double  minVal,
        out double  maxVal,
        out Point   minLoc,
        out Point   maxLoc,
        InputArray  mask = null
)
```

引数

minVal　　　最小値が返される変数へのポインタです。

maxVal　　　最大値が返される変数へのポインタです。

minLoc　　　最小値位置が返される変数へのポインタです。

maxLoc　　　最大値位置が返される変数へのポインタです。

mask　　　　オプションの処理マスクです。

8.5 オブジェクト交換

　本プログラムは、2つの画像に含まれるオブジェクトを交換します。オブジェクト検出は学習ファイル（検出器）に任せます。例えば、2つの画像に含まれる両目を検出する例を示します。

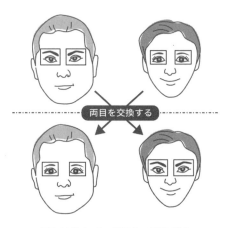

両目を交換する

図8.12●本プログラムの動作概念

　2つの画像と、学習ファイルに両目を検出するファイルを指定すると、両者の目を入れ替えることができます。この例は1つの画像に2つのオブジェクトが存在する例ですが、いくつのオブジェクトが存在しても同じように入れ替えることができます。ただし、両者の含まれるオブジェクトが同数であること、そしてオブジェクトの対応は横方向の位置を使用します。

　オブジェクトの検出は 8.1 節「オブジェクト検出」と同様の手法を採用します。オブジェクトの交換は、つなぎ目が不自然にならないよう、8.2 節「自動でオブジェクトを検出し拡大」の重みテーブルを使って、2つの画像を合成するプログラムを拡張します。このように2つのプログラムを応用して本プログラムを開発します。なお、本プログラムはコンソールプログラムです。引数の形式を以降に示します。

プログラム名　画像ファイル名1　画像ファイル名2　学習ファイル名

　以降に、ソースコードの主要な部分を示します。

リスト8.6●Program.csの主要部分（DetectObsChg）

```
using System;
using System.Collections.Generic;
using System.IO;

using OpenCvSharp;

namespace ConsoleApp1
{
    class Program
    {
        // オブジェクトの検出を行い、List<Rect>で返す
        static private List<Rect> dectectObjects(Mat src, string detector)
        {
            List<Rect> rects = new List<Rect>();

            using (Mat gray = new Mat())
            using (Mat equalize = new Mat())
            using (var objDetector = new CascadeClassifier(detector))
                                                    └ // create detector
            {
                Cv2.CvtColor(src, gray, ColorConversionCodes.BGR2GRAY);
                Cv2.EqualizeHist(gray, equalize);

                Rect[] objs = objDetector.DetectMultiScale(equalize, 1.2, 2,
                    HaarDetectionType.ScaleImage, new OpenCvSharp.Size(30, 30));
                rects.AddRange(objs);
            }
            return rects;
        }

        // 画像からRectで指定された範囲を切り出し、List<Mat>で返す
        static private List<Mat> extractObjects(Mat img, List<Rect> rects,
                                                    └ bool deepCopy)
        {
            // ROIを与え切り出す
            List<Mat> mats = new List<Mat>();
            int deltaW = img.Cols / 40; // 少し範囲を大きく
            int deltaH = img.Rows / 40;

            for (int i = 0; i < rects.Count; i++)
```

```
        {
            // src
            Rect rect = new Rect(rects[i].X - deltaW, rects[i].Y - deltaH,
                rects[i].Width + deltaW * 2, rects[i].Height + deltaH * 2);
            Rect cliprect = ClipIt(img.Size(), rect);

            Mat roi = new Mat(img, cliprect);
            if (deepCopy)
            {
                //roi.CopyTo(roi);
                roi = roi.Clone();
            }
            mats.Add(roi);
        }
        return mats;
    }

    // create cos k mat
    static private Mat CreateCosMat(int rows, int cols)
    {
        :
    }

    // mulMask
    static private Mat MulMat(Mat mat, Mat table)
    {
        :
    }

    // clip it
    static private Rect ClipIt(OpenCvSharp.Size size, Rect rect)
    {
        :
    }

    // print info
    static private void PrintInfo(string[] args, List<List<Rect>> rects)
    {
        string[] fn = {  Path.GetFileName(args[0]),
                         Path.GetFileName(args[1]),
                         Path.GetFileName(args[2]) };
        Console.WriteLine("images, num of objs:");
```

```
        Console.WriteLine("            " + fn[0] + " = " +
                                        └ rects[0].Count.ToString());
        Console.WriteLine("            " + fn[1] + " = " +
                                        └ rects[1].Count.ToString());
        Console.WriteLine("detector:");
        Console.WriteLine("            " + fn[2]);
}


// main
static void Main(string[] args)
{
    if (args.Length < 3)
        return;
    string detector = args[2];

    List<Mat> imgs = new List<Mat>(), dsts = new List<Mat>();
    List<List<Rect>> imgRects = new List<List<Rect>>();
    List<Mat> srcrois = new List<Mat>(), dstrois = new List<Mat>();
    for (int i = 0; i < 2; i++)
    {
        imgs.Add(Cv2.ImRead(args[i]));                          // read
        Cv2.ImWrite("src" + i.ToString() + ".jpg", imgs[i]);   // save

        imgRects.Add(new List<Rect>());
        imgRects[i] = dectectObjects(imgs[i], detector);  // detect objects


        imgRects[i].Sort((a, b) => a.X - b.X);             // sort by X

        // 入力側にROIを与え切り出す、出力側は画像にROIを与える
        srcrois.AddRange(extractObjects(imgs[i], imgRects[i], true));
        dstrois.AddRange(extractObjects(imgs[i], imgRects[i], false));
    }
    PrintInfo(args, imgRects);         // print info.

    // 両方とも同じ数かチェック
    if (imgRects[0].Count != imgRects[1].Count)
        return;

    // merge
    for (int i = 0; i < srcrois.Count; i++)
    {
```

```
                    int dstIdx = i + imgRects[0].Count;
                    if (i >= imgRects[0].Count)
                    {
                        dstIdx = i - imgRects[0].Count;
                    }
                    Cv2.Resize(srcrois[i], srcrois[i],
                        new OpenCvSharp.Size(dstrois[dstIdx].Cols,
                                                    └ dstrois[dstIdx].Rows));

                    Mat weightMat = CreateCosMat(srcrois[i].Rows, srcrois[i].Cols);
                    Mat iWeightMat = Scalar.All(255) - weightMat;
                    Mat srcWeight = MulMat(srcrois[i], weightMat);
                    Mat dstWeight = MulMat(dstrois[dstIdx], iWeightMat);
                    Cv2.Add(dstWeight, srcWeight, dstrois[dstIdx]);
                }

                // show it
                using (var window1 = new Window("image-1"))
                using (var window2 = new Window("image-2"))
                {

                    Cv2.ImWrite("dst0.jpg", imgs[0]);
                    Cv2.ImWrite("dst1.jpg", imgs[1]);

                    window1.ShowImage(imgs[0]);
                    window2.ShowImage(imgs[1]);
                    Cv2.WaitKey(0);
                }
            }
        }
}
```

Main メソッドを説明します。引数が 3 つでない場合は、数が足りないためエラーとします。
imgs は入力画像を保持する Mat オブジェクトで、それぞれの画像から検出した imgRects
を格納します。srcrois と dstrois は、検出した領域を保持する Mat オブジェクトです。

まず、for ループで入力画像を読み込みます。そして、dectectObjects メソッドを
呼び出し、対応する imgRects に格納します。imgRects は夫々の領域を保持するため
List<List<Rect>> です。次に、imgRects を X 軸に従ってソートします。検出した領域を
Mat オブジェクト srcrois と dstrois に取り出します。srcrois オブジェクトは deep copy

した Mat オブジェクトで、dstrois は読み込んだ画像に設定したオブジェクトです。少し面倒ですので、詳細はソースコードを参照してください。

PrintInfo メソッドで、情報をコンソールに表示します。次に、検出したオブジェクトが両方の入力画像で同じ数でない場合、プログラムを終了させます。

そして、srcrois と dstrois の入れ替えを行います。単純に入れ替えるのではなく、検出したオブジェクトの数を意識して入れ替えます。処理そのものは、5.6 節「重みを付けて2つの画像加算」や 7.3 節「オブジェクトのサイズを変更」で紹介した方法をベースにします。最後に、実行例を示します。

実行すると、情報が表示されます。

```
C:\temp>DetectObsChg face01.jpg face02.jpg haarcascade_eye_tree_eyeglasses.xml
images, num of objs:
        face01.jpg = 2
        face02.jpg = 2
detector:
        haarcascade_eye_tree_eyeglasses.xml
```

そして、処理結果が表示されます。

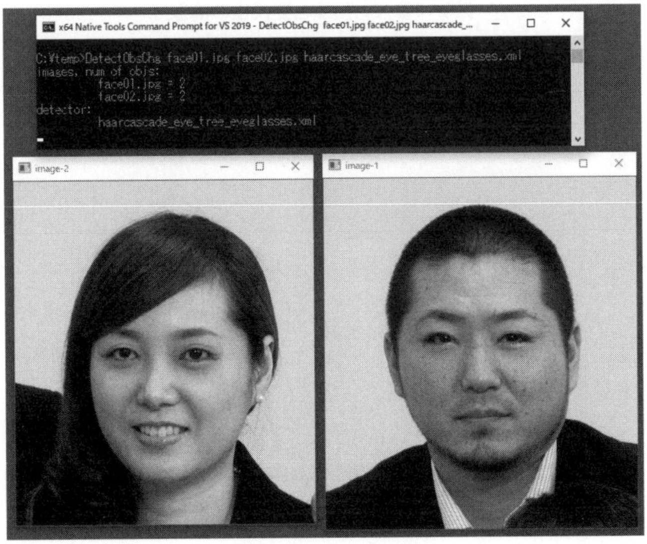

図8.13●目を入れ替え

　使用した入力画像と変換後の画像を対比して示します。先に示すのが入力画像、下段に示すのが変換後の画像です。

図8.14●入力画像と変換後の画像

第9章

特徴点

特徴点の検出やパノラマ写真を生成するプログラムを紹介します。

9.1 | 特徴点検出

　特徴点検出を行うプログラムを紹介します。特徴量を計算するアルゴリズムは多数あります。これまでは、SIFT、SURF、ORB などを利用できました。OpenCV.3.0 以降で、KAZE と AKAZE が追加されました。ここでは、AKAZE、KAZE、BRISK、そして ORB を使用したプログラムを紹介します。AKAZE は、Accelerated-KAZE の略で、KAZE の高い認識精度と処理に必要な時間を大幅に短縮しています。従来の SIFT や SURF には特許権が設定されており商用に難がありましたが、AKAZE は商用／非商用を問わず利用できるため、ライセンスの問題が軽減されます。

　フォームやそれに対応するソースコードなどは、これまでに紹介済みですので、説明は省きます。
　実際に特徴点検出を行う、CCv の派生クラス CCvFunc の DoCvFunction メソッドを示します。

リスト9.1●DoCvFunctionメソッド（FeatureDetect-CCvFunc.cs）

```
public Bitmap DoCvFunction()
{
    using (var gray = new Mat())
    using (var descriptors = new Mat())
    {
        Cv2.CvtColor(mSrc, gray, ColorConversionCodes.BGR2GRAY);
        var extractor = AKAZE.Create();
        KeyPoint[] keyPoints = null;
        extractor.DetectAndCompute(gray, null, out keyPoints, descriptors);

        mDst = new Mat();
        Cv2.DrawKeypoints(mSrc, keyPoints, mDst);
    }
    return OpenCvSharp.Extensions.BitmapConverter.ToBitmap(mDst);
}
```

　本プログラムは、画像に含まれる強いコーナーを検出します。Cv2.CvtColorで画像をカラーからグレイスケールに変換します。この画像の特徴点をBRISK、ORB、KAZEあるいはAKAZEを利用しkeyPointsへ抽出します。本プログラムは、AKAZEを利用して特徴点を検出します。ほかの方法を使用したい場合は、網掛けした行のAKAZEを、BRISK、ORBまたはKAZEに書き換えてください。

　次に、Cv2.DrawKeypointsメソッドで特徴点を表示し、Bitmapオブジェクトへ変換後、呼び出し元へ返します。

　以降に実行例を示します。

図9.1●特徴点検出

■ Feature2D.DetectAndCompute ■

キーポイントを検出し、descriptor（記述子）を計算します。

```
public virtual void DetectAndCompute (
        InputArray       image,
        InputArray       mask,
        out KeyPoint[]   keypoints,
        OutputArray      descriptors,
        bool             useProvidedKeypoints = false
)
```

引数

image	入力画像です。
mask	マスク画像です。
keypoints	検出されたキーポイントです。
descriptors	計算された descriptor（記述子）です。descriptors[i] は keypoints[i] に対して計算された記述子です。
useProvidedKeypoints	与えられたキーポイントを使用します。

■ Cv2.DrawKeypoints ■

キーポイントを描画します。

```
public static void DrawKeypoints (
        InputArray              image,
        IEnumerable<KeyPoint>   keypoints,
        InputOutputArray        outImage,
        Nullable<Scalar>        color = null,
        DrawMatchesFlags        flags = DrawMatchesFlags.Default
)
```

引数

image	入力画像です。
keypoints	入力画像から得られたキーポイントです。
outImage	出力画像です。出力画像に何が描画されるかは、flags の値に依存します。

取り得るビット値は flags を参照してください。

color オプションのキーポイントの色です。

flags オプションのフラグです。各ビットは、描画のプロパティを設定します。取り得るビット値は、DrawMatchesFlags で定義されます。

9.2 | 特徴点のマッチング

2つの画像に先の特徴点検出を実行し、それぞれのマッチングを行うプログラムを紹介します。本プログラムは、特徴点の検出に AKAZE を用います。ただ、ソースコードを書き換えれば、ほかの方法で検出することもできます。フォームやそれに対応するソースコードなどは、これまでに紹介済みですので、説明は省きます。

実際に特徴点検出を行う、CCv の派生クラス CCvFunc の DoCvFunction メソッドを示します。

リスト9.2●DoCvFunctionメソッド（Matcher-CCvFunc.cs）

```csharp
public Bitmap DoCvFunction(List<String> srcNames)
{
    Mat[] srcs = new Mat[2];
    for (int i = 0; i < 2; i++)
    {
        srcs[i] = Cv2.ImRead(srcNames[i]);
    }

    using (var detector = AKAZE.Create())
    using (var descriptors1 = new Mat())
    using (var descriptors2 = new Mat())
    {
        // 特徴量の検出と特徴量ベクトルの計算
        detector.DetectAndCompute(srcs[0], null, out KeyPoint[] keypoints1,
                                                    └ descriptors1);
        detector.DetectAndCompute(srcs[1], null, out KeyPoint[] keypoints2,
                                                    └ descriptors2);
```

```
        // マッチング方法
        DescriptorMatcher matcher = DescriptorMatcher.Create("BruteForce");
        // 特徴量ベクトル同士のマッチング結果を配列へ
        DMatch[] matches = matcher.Match(descriptors1, descriptors2);

        // draw matches
        mDst = new Mat();
        Cv2.DrawMatches(srcs[0], keypoints1, srcs[1], keypoints2, matches, mDst);
    }
    return OpenCvSharp.Extensions.BitmapConverter.ToBitmap(mDst);
}
```

AKAZE の DetectAndCompute メソッドを利用し特徴点を keypoints1、keypoints2 へ抽出します。同時に、画像のキーポイントに対するディスクリプタ、descriptors1 と descriptors2 を求めます。そして、ディスクリプタの2つの集合同士を比較する DescriptorMatcher オブジェクトの match メソッドでディスクリプタのマッチするものを DMatch 配列の matches に求めます。その結果を Cv2.DrawMatches メソッドに与え、2つの画像から得られるキーポイント同士のマッチするものを、出力画像上に描画します。このように、ほとんど何もすることなく、特徴点の移動を描画することが可能です。この結果をフォームに表示します。

以降に、実行方法を示します。2つの画像をドロップすると、特徴点同志を線でつないだ画像が現れます。すでに表示中のフォームに画像をドロップすると、先に指定した画像が押し出される形で、最後の2つが処理対象になります。本プログラムの使用法の概念図を示します。

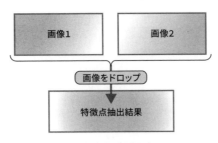

図9.2●使用法の概念図

以降にドロップする2つの画像と、ドロップ後の表示を示します。

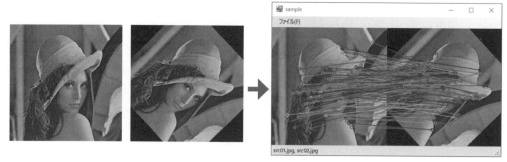

図9.3●入力画像と結果

ドロップする画像を変更した例を示します。

図9.4●画像を変更

　特徴点を抽出する手法を ORB へ変更したものを示します（リスト 9.2 の網掛け行の AKAZE を ORB に書き換えます）。

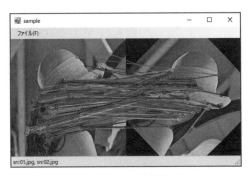

図9.5●ORBへ変更

9.3 | 特徴点のマッチング・双方向

　直前のプログラムは、マッチングを片方向にしか行っていないものです。これを逆方向のマッチングも行って両方に含まれるものだけを抽出すれば、精度をさらに向上させることができます。

　実際に特徴点検出を行う、CCv の派生クラス CCvFunc の DoCvFunction メソッドを示します。

リスト9.3●DoCvFunctionメソッド（MatcherXross-CCvFunc.cs）

```
public Bitmap DoCvFunction(List<String> srcNames)
{
    Mat[] srcs = new Mat[2];
    for (int i = 0; i < 2; i++)
    {
        srcs[i] = Cv2.ImRead(srcNames[i]);
    }

    //using (var detector = ORB.Create())
    using (var detector = AKAZE.Create())
```

```
using (var descriptors1 = new Mat())
using (var descriptors2 = new Mat())
{
    // 特徴量の検出と特徴量ベクトルの計算
    detector.DetectAndCompute(srcs[0], null, out KeyPoint[] keypoints1,
                                            └ descriptors1);
    detector.DetectAndCompute(srcs[1], null, out KeyPoint[] keypoints2,
                                            └ descriptors2);


    // マッチング方法
    DescriptorMatcher matcher = DescriptorMatcher.Create("BruteForce");

    // 特徴量ベクトル同士のマッチング結果を配列へ格納
    DMatch[] fwdMatches = matcher.Match(descriptors1, descriptors2);
    DMatch[] bckMatches = matcher.Match(descriptors2, descriptors1);
    List<DMatch> lMatches = new List<DMatch>();
    for (int i=0;i<fwdMatches.Length;i++)
    {
        DMatch forward = fwdMatches[i];
        DMatch bckward = bckMatches[forward.TrainIdx];
        if (bckward.TrainIdx == forward.QueryIdx)
            lMatches.Add(forward);
    }
    // draw matches
    DMatch[] matches = lMatches.ToArray();
    mDst = new Mat();
    Cv2.DrawMatches(srcs[0], keypoints1, srcs[1], keypoints2, matches, mDst);
}
return OpenCvSharp.Extensions.BitmapConverter.ToBitmap(mDst);
}
```

　新規に追加した部分を網掛けで示しています。この部分で両方向のマッチングを行い、両方に含まれるものだけを抽出することで精度をさらに向上させます。前節のマッチングのコードでは descriptors1 から descriptors2 のマッチングのみを行っています。それに対して本プログラムでは、descriptors1 から descriptors2 のマッチングと descriptors2 から descriptors1 のマッチングを行い、それぞれを fwdMatches と bckMatches に格納します。そして、for ループで両者の中の一致するものだけを lMatches に Add メソッドで追加します。これによって、ループを抜けると lMatches に精度の高い特徴点だけが残ります。Cv2.DrawMatches メソッドの引数に List<DMatch> を指定できないため、List<DMatch> を配

列に変換します。

　以降に、実行例を示します。ドロップした画像は以前と同じです。

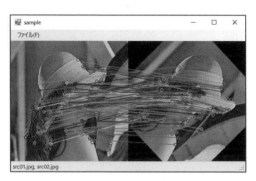

図9.6●処理結果

画像を変更したものも示します。

図9.7●入力画像と結果

　先のプログラムの処理結果と、本プログラムの処理結果を比較してください。双方向のマッチングを行ったため、直前のプログラムに比較して格段に精度が向上します。特徴点を抽出する手法を ORB などへ変更する方法は、すでに説明した通りです。

9.4 | パノラマ

　複数の写真を合成してパノラマ写真を生成するプログラムを紹介します。ホモグラフィー変換を用いてパノラマ写真を生成することも少なくありませんが、ここでは簡便に開発できる Stitcher クラスを使用します。速度的にはホモグラフィー変換を用いる方が高速ですが、Stitcher クラスを使用すると、プログラムは非常に単純化されます。

　本プログラムに多数の画像ファイルをドロップすると、合成されたパノラマ写真が表示されます。

　フォームやそれに対応するソースコードなどは、これまでに紹介済みですので、説明は省きます。

　実際に特徴点検出を行う、CCv の派生クラス CCvFunc の DoCvFunction メソッドを示します。

リスト9.4●DoCvFunctionメソッド （Stitch-CCvFunc.cs）

```csharp
public System.Drawing.Bitmap DoCvFunction(string[] fnames)
{
    var mats = new List<Mat>();
    foreach(var itr in fnames)
    {
        Mat img = new Mat();
        img = Cv2.ImRead(itr);
        mats.Add(img);
    }
    var stitcher = Stitcher.Create(Stitcher.Mode.Panorama);

    mDst = new Mat();
    _ = stitcher.Stitch(mats, mDst);
    return OpenCvSharp.Extensions.BitmapConverter.ToBitmap(mDst);
}
```

　ドロップされたファイル名が string 配列 fnames に格納されていますので、その画像ファイルを順次読み込み mats へ追加します。入力画像を複数保持する必要があるため mats は、List<Mat> オブジェクトです。

　全部の読み込みが完了したら、Stitcher クラスの Create メソッドで、Stitcher クラスのインスタンス stitcher を生成します。この時、Create メソッドに stitching modes を指定します。この例では Panorama を指定します。パノラマ写真は、stitcher オブジェクトの stitch メソッドに、画像ベクトル（mats）と合成画像の結果を格納する Mat である mDst を指定します。通常は、これでパノラマ写真が生成されますが、与える写真にまったく異なる画像などを与えると、パノラマ写真を生成できない場合があります。

　最後に、mDst を Bitmap オブジェクトへ変換して、呼び出し元へ返します。

　以降に、実行例を示します。2つの画像をフォームにドロップします。すると、ドロップした画像からパノラマ写真が生成されます。

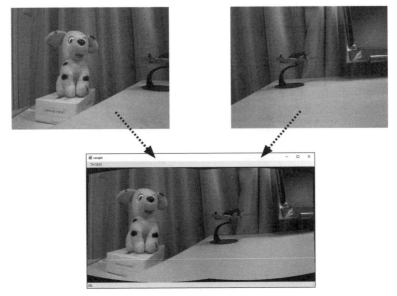

図9.8●2つの画像をドロップ

■ Stitcher クラス ■

　複数枚の画像からパノラマ画像を合成（ステッチャー）するクラスです。

■Stitcher.Create メソッド■

ステッチングモードで構成されたステッチャーを生成します。

```
public static Stitcher Create (
        Stitcher.Mode   mode = Stitcher.Mode.Panorama
)
```

引数

mode　　オプションの ステッチャー処理のシナリオです。これは通常、ステッチする画像のソースとその変換によって決まります。

■Stitcher.Stitch メソッド■

指定された画像からパノラマ写真を合成（ステッチ）しようとします。

```
public Stitcher.Status Stitch (
        IEnumerable<Mat>   images,
        OutputArray        pano
)
```

引数

images　　入力画像を IEnumerable<Mat> へ格納したものです。

pano　　　最終のパノラマ画像です。

9.5 | パノラマ・非同期

　ここではユーザーが処理を指示してから GUI の更新までに長い時間を要するときの解決方法を紹介します。長い時間を要する（重い）処理がユーザーインターフェースに及ぼす影響と、その解決法を解説します。まず、通常の GUI プログラムでイベントが発生したときの処理の流れを示します。

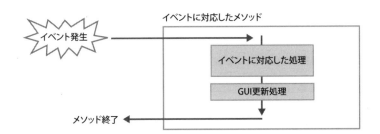

図9.9●GUIプログラムでイベントが発生したときの処理の流れ

　通常は上記の構成ですが、メソッド内で比較的時間を消費する場合、再入を防ぐためボタンやメニューを無効化する禁則処理を行います。以降に、そのような例を示します。

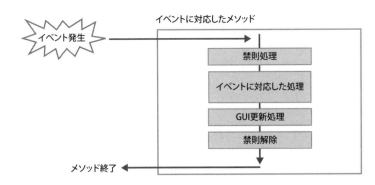

図9.10●再入を防ぐ処理を追加した様子

　通常はこのようなコードで問題ありません。しかし、「イベントに対応した処理」で負荷が大きく制御が戻るのに多くの時間を要する場合があります。そのような場合、制御が当該メソッドに滞留するためプログラムは次のイベントに対応することができなくなります。これを外部から観察すると、フォームやウィンドウがフリーズ状態になるか、フォームなどに「応答しません」と表示され、プログラムに障害が起きたような挙動を示します。

　このような問題を解決するにはいくつかの方法があります。まず、Threadクラス、BackgroundWorkerクラスやタスク並列ライブラリ（TPL）などを用いてスレッドを生成し、それらに重い処理を任せる方法です。これらでも十分ですが、最新の.NET Frameworkでは、async修飾子とawait演算子を使用するスマートな方法で並列処理とユーザーインターフェースを両立できます。ここでは、前節のプログラムをasync修飾子とawait演算子を使用して書き直したコードを示します。

　それでは、前節で作成したパノラマ写真生成プログラムを、async 修飾子と await 演算子と Task で非同期化しましょう。プログラムの機能は変わりませんが、その処理を呼び出す Form1 のコードが変わります。まず、先のプログラムと本プログラムのソースコードを対比して示します。

リスト9.5●これまでの同期コード（Stitch-Form1.csのForm1_DragDropメソッド）

```csharp
private void Form1_DragDrop(object sender, DragEventArgs e)
{
    try
    {
        string[] fnames = (string[])e.Data.GetData(
                            DataFormats.FileDrop, false);

        Cursor = Cursors.WaitCursor;

        CCvFunc ccvfunc = new CCvFunc();
        pBox.Image = ccvfunc.DoCvFunction(fnames);
        pBox.Size = pBox.Image.Size;

        AdjustWinSize(pBox.Image);              // ウィンドウサイズ調整

        toolSSLbl.Text = "OK.";
    ⋮
}
```

リスト9.6●新しい非同期コード（StitchAsync-Form1.csのForm1_DragDropメソッド）

```csharp
using System.Threading.Tasks;
⋮
private async void Form1_DragDrop(object sender, DragEventArgs e)
{
    try
    {
        string[] fnames = (string[])e.Data.GetData(
                            DataFormats.FileDrop, false);

        Cursor = Cursors.WaitCursor;
        Bitmap bmp = null;
        await Task.Run(() =>
```

```
    {
        CCvFunc ccvfunc = new CCvFunc();
        bmp = ccvfunc.DoCvFunction(fnames);
    });
    pBox.Image = bmp;
    pBox.Size = pBox.Image.Size;
    AdjustWinSize(pBox.Image);                    // ウィンドウサイズ調整

    toolSSLbl.Text = "OK.";
        ⋮
}
```

　先のプログラムを async 修飾子と await 演算子を使用し、Task クラスで記述します。Task はラムダ式で記述します。直前のプログラムでは、次図に示す③の部分の処理中（画像処理中）に GUI がフリーズします。ウィンドウの表示はもちろん、ウィンドウの移動や最小化などにも反応できません。それに対して、ここで示すプログラムは、③の部分を非同期に別スレッドで処理することによって、処理中でも GUI がフリーズしません。ウィンドウの表示はもちろん、ウィンドウの移動や最小化などに反応します。かつ、GUI の更新は、await 演算子を指定した Task 以降に記述するだけです。

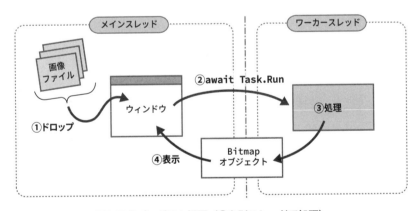

図9.11●プログラム概要（③を別スレッドで処理）

　実際のプログラムは複雑なので、処理の流れを分かりやすく箇条書きで示します。

1. ユーザーが複数の画像ファイルをドロップします。
2. 対応するメソッドが呼び出されます。

3. await 演算子を指定した Task で画像処理部をスレッドで非同期実行します。

4. 直後に、制御はいったんメソッドから抜けます。Task に記述された画像処理部は、別スレッドで並行して処理を行います。

5. Task に記述された画像処理部が完了すると、await のブロックに続くコードに制御が移ります。

6. 制御が移ったコードはメインスレッドで実行されます。このため、コントロールへアクセスできますので結果の表示などを行います。

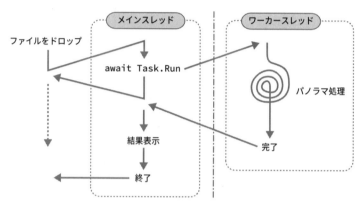

図9.12●処理の流れ

　Form1_DragDrop メソッドへは、ファイルをドロップしたときに制御が移ります。ほとんど先ほどのプログラムと同様ですが、async 修飾子と await 演算子を使用するためにメソッドに async 修飾子を指定しています。また、画像処理の部分を Task クラスの Run メソッドへラムダ式として与えています。これによって、パノラマ処理部は異なるスレッドで並列処理されます。この Task.Run に対して await 演算子を指定することで、パノラマ処理は非同期に実行され、処理の終了を待たずにこのメソッドから抜けます。これによってユーザーインターフェースがフリーズすることはありません。パノラマ処理が終了すると、await 演算子を指定したステートメント以降のコードがメインスレッドで実行されます。このため、継続される部分で画像を表示します。

　［閉じる］メニュー項目が選択されると、FileMenuClose_Click メソッドへ制御が渡ってきます。Close メソッドでプログラムを終了させます。スレッドなどの監視は一切行っていません。同様に、ウィンドウのクローズボタンが押された時も対応していません。これは起動されたスレッドがいずれ終了するので堅牢に作っていないためです。

　もし、頑丈なプログラムとしたければ、フォームの FormClosing メソッドなどから、スレッドにシグナルなどを送り、スレッドの終了を監視すると良いでしょう。あるいは、フォームの FormClosing メソッドでスレッドがアクティブなら、引数 e の e.Cancel プロパティに true を設定することで、プログラム終了処理を取り消し、スレッド終了まで待機すると良いでしょう。これによって、スレッドの動作中にクローズボタンを押す操作などを無視できます。

　.NET Framework のコントロールは、そのコントロールを生成したスレッド以外からのコントロールアクセスを禁止しています。この例では Task で指定したラムダ式の内部から、コントロールへアクセスすることはできません。しかし、コードを見ただけでは、何の不都合も感じないでしょう。なぜなら await 演算子を指定したステートメント以降のコードはメインスレッドで実行されるため、その部分からコントロールをアクセスできるためです。このような async 修飾子と await 演算子がサポートされる以前は Task と Invoke などを用いていましたが、async 修飾子と await 演算子を利用すると、よりスマートに、より自然に記述できます。

　画像処理など比較的長時間、あるスレッドに制御が留まることが予想される場合は、async 修飾子と await 演算子を利用しユーザーインターフェースがフリーズしないよう記述することを推奨します。本書では、本節のみで async 修飾子と await 演算子を利用しましたが、それは OpenCvSharp の説明を主な目的としたためです。async 修飾子と await 演算子を利用する場合、複雑なプログラムではリソース競合などの別の問題が発生します。複雑なプログラムを開発する場合は、C# 自体の理解が必須ですので、async 修飾子と await 演算子の解説は本節だけの紹介に留めます。

9

第 10 章

フーリエ変換

　画像に対する離散フーリエ変換およびその逆変換の処理などを行うプログラムを紹介します。

10.1 ｜ 離散フーリエ変換

　本章では画像にフーリエ変換処理を行うプログラムを紹介します。画像のフーリエ変換は画像を sin、cos の要素に分解する処理です。つまり、空間ドメインから周波数ドメインへ変換を行います。画像圧縮などでは、人間の目が高周波に鈍感なことを利用し、高周波成分を削除することによってデータ量を低減する方法を採用します。フーリエ変換に関するライブラリなどは多数ありますが、OpenCvSharp も便利な機能を用意しています。

　ちなみに、フーリエ変換はもともと連続したデータを扱うものですが、コンピュータでは連続したデータを扱えませんので離散化して処理します。本章で扱うフーリエ変換およびその逆変換も、正確には離散フーリエ変換（DFT）および逆離散フーリエ変換（IDFT）ですので、これ以降は DFT や IDFT と表現します。

　本節で解説するプログラムは、画像に対し DFT を実施し、結果を可視化してパワースペクトルを画像として表示するプログラムです。本プログラムに画像ファイルをドロップすると、入力画像と、中心が低周波になるように象限（次象）を入れ替えた DFT のパワースペクトル

を表示します。

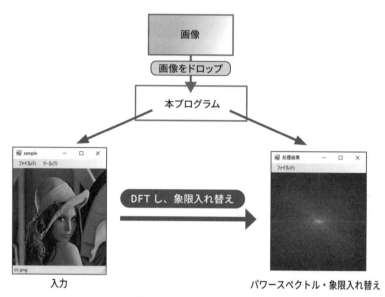

図10.1●使用法の概念図

　フォームやそれに対応するソースコードなどは、これまでと大きく変わりませんので主要な部分のみを説明します。以降に、実際に DFT を行う、CCv の派生クラス CCvFunc を示します。いくつかのメソッドから成り立っていますので、それぞれ説明します。

　以降に、ソースコードを示します。

リスト10.1●mat2Dftメソッド（DFT-CCvFunc.cs）

```csharp
private Mat mat2Dft(Mat src)
{
    using (var gray = new Mat())
    {
        Cv2.CvtColor(src, gray, ColorConversionCodes.BGR2GRAY);
        Mat srcReal = new Mat();

        int dftRows = Cv2.GetOptimalDFTSize(gray.Rows);
        int dftCols = Cv2.GetOptimalDFTSize(gray.Cols);

        // srcRealの左隅に入力の値が格納されている、サイズを
        // DFTへ最適し拡張された部分は0で埋める。
```

```
            Cv2.CopyMakeBorder(gray, srcReal, 0, dftRows - gray.Rows,
                0, dftCols - gray.Cols, BorderTypes.Constant, Scalar.All(0));

        Mat f32 = new Mat();
        srcReal.ConvertTo(f32, MatType.CV_32F);
        Mat[] planes = { f32, Mat.Zeros(srcReal.Size(), MatType.CV_32F) };
        Mat complex = new Mat();
        Cv2.Merge(planes, complex);   // complexはrealとimaginaryを持ったMat

        // DFTの実行、結果は複素数、log(1 + sqrt(Re(DFT(I))^2 + Im(DFT(I))^2))
        Mat dft = new Mat();
        Cv2.Dft(complex, dft);                // dftはDFTの結果
        return dft;
    }
}
```

mat2Dft メソッドは、引数で渡された入力画像 src を DFT し、結果を返します。返す Mat オブジェクトは、複素数（2 チャンネル）で型は float（CV_32F）です。サイズは DFT に適したサイズへ変更されます。

まず、Cv2.CvtColor メソッドで、引数で渡された入力画像 src をグレイスケールに変換し、Mat オブジェクト gray へ格納します。次に、Cv2.GetOptimalDFTSize メソッドで DFT を高速に処理できるサイズを dftRows と dftCols へ求めます。次に、この求めたサイズで Mat オブジェクト srcReal を生成し、左隅に入力画像をコピーし、余白のボーダーに 0 を設定します。

DFT 処理を行うためには Mat オブジェクトの型を浮動小数点、そしてチャンネル数が 2 でなければなりません。そこで、srcReal オブジェクトの ConvertTo メソッドで、srcReal オブジェクトの型を浮動小数点へ変換し f32 へ格納します。次に、この変換した Mat オブジェクトと値が 0 の Mat オブジェクトで、Mat オブジェクトの配列の planes を作成します。これを Cv2.Merge メソッドで 2 チャンネルの Mat オブジェクト complex へ変換します。この complex を Cv2.Dft メソッドに与え DFT 変換を行います。最後に、DFT 変換した Mat オブジェクト dft を呼び出し元へ返します。

■ Cv2.GetOptimalDFTSize ■

指定されたベクトルサイズの最適な DFT サイズを返します。

```
public static int GetOptimalDFTSize (
        int  vecSize
)
```

vecSize   ベクトルサイズです。

■ Cv2.CopyMakeBorder ■

画像の周囲にボーダーを形成します。

```
public static void CopyMakeBorder (
        InputArray        src,
        OutputArray       dst,
        int               top,
        int               bottom,
        int               left,
        int               right,
        BorderTypes       borderType,
        Nullable<Scalar>  value = null
)
```

引数

src	入力画像です。
dst	出力先です。src と同じ型でサイズは Size（src.cols + left + right、rc.rows + top + bottom）になります
top	外挿する必要があるソース画像の長方形からの各方向のピクセル数です。
bottom	外挿する必要があるソース画像の長方形からの各方向のピクセル数です。
left	外挿する必要があるソース画像の長方形からの各方向のピクセル数です。
right	外挿する必要があるソース画像の長方形からの各方向のピクセル数です。
borderType	ボーダータイプです。
value	オプションの引数です。borderType が Constant の場合の境界値です。

■Mat.ConvertTo■

オプションのスケーリングを使用して、配列を別のデータ型に変換します。

```
public void ConvertTo (
        OutputArray  m,
        MatType      rtype,
        double       alpha = 1,
        double       beta = 0
)
```

引数

m　　　出力行列です。適切なサイズまたは型がない場合は、再割り当てされます。

rtype　チャンネルの数は入力と同じで、出力行列の型とdepthです。rtypeが負の場合、
　　　　出力行列は入力と同じ型になります。

alpha　オプションの倍率です。

beta　　スケーリングされた値に加算するオプションの値です。

■Cv2.Merge■

複数の単一チャンネル配列からマルチチャンネル配列を作成します。

```
public static void Merge (
        Mat[]  mv,
        Mat    dst
)
```

引数

mv　　　入力の単一チャンネル Mat オブジェクトの配列です。

dst　　　出力のマルチチャンネル Mat オブジェクトです。

■ Cv2.Dft ■

1D または 2D 単精度浮動小数点配列の順離散フーリエ変換（DFT）を実行します。

```
public static void Dft (
        InputArray    src,
        OutputArray   dst,
        DftFlags      flags = DftFlags.None,
        int           nonzeroRows = 0
)
```

引数

src   入力画像です。実数または複素数です。

dst   出力画像です。サイズと型は flags に依存します。

flags   オプションの変換フラグです。値は DftFlag2 の組み合わせです。

nonzeroRows オプションの引数です。本引数が 0 以外の場合、関数は入力配列の最初の
             nonzeroRows 行のみ（DFT_INVERSE が設定されていない）、または出力
             配列の最初の nonzeroRows のみ（DFT_INVERSE が設定されている）に
             0 以外が含まれていると想定します。残りの行をより効率的に処理し、時
             間を節約します。

dft2dispMat メソッドは、DFT 処理された Mat オブジェクトを表示できるように変換しま
す。以降に、ソースコードを示します。

リスト10.2●dft2dispMatメソッド（DFT-CCvFunc.cs）

```
private Mat dft2dispMat(Mat complex)
{
    Mat[] planes = new Mat[2];

    Cv2.Split(complex, out planes);      // planes[0] = real, [1] = imaginary

    // dst(x, y) = sqrt(pow(src1(x, y), 2) + pow(src2(x, y), 2))
    Mat magnitude = new Mat();
    Cv2.Magnitude(planes[0], planes[1], magnitude); // planes[0] = DFT magnitude

    magnitude += Scalar.All(1);          // 表示用に各ピクセル値に1.0を加算
    Cv2.Log(magnitude, magnitude);       // 対数へ
```

```
    Mat srcDFT = new Mat();
    Cv2.Normalize(magnitude, magnitude, 0, 1, NormTypes.MinMax);
    magnitude.ConvertTo(srcDFT, MatType.CV_8U, 255, 0); // 表示用DFT

    return srcDFT;
}
```

　本メソッドが返す Mat オブジェクトは 1 チャンネルで、型は unsigned char(CV_8U)です。
メソッドの引数で受け取った Mat オブジェクト complex には DFT を行った結果が格納されて
います。このため complex は、実数部と虚数部の 2 チャンネルを持った複素数です。まず、
Cv2.Split メソッドで実数部と虚数部を planes 配列に分離します。次に Cv2.Magnitude
メソッドで x および y 配列の対応する要素から形成される 2D ベクトルの大きさを計算します。
x は planes[0]、y は planes[1] に格納されています。Cv2.Magnitude メソッドの処理を
以降に式で示します。

$$\mathrm{dst}(I) = \sqrt{x(I)^2 + y(I)^2}$$

　なお、この結果をそのまま正規化して線形スケール輝度で表示すると、わずか 256 諧調で
あることと低周波成分と高周波成分に大きな差がある場合、高周波成分が黒で潰れてしまいま
す。一般的に画像は低周波の部分に集中しますので、高周波部分の観察が困難になります。こ
のため、見やすくなるように対数スケールを採用します。なお、Cv2.Log メソッドへ与える
値が 1.0 以下ではマイナスの値になるため、以降の正規化で面倒が起きないように、本来の
値に 1.0 を加算して log（自然対数）します。その後、Cv2.Normalize メソッドで 0.0 ～ 1.0
へ正規化します。もっと良い方法は、最小値と最大値が 0.0 ～ 1.0 とは限りませんので入力
Mat オブジェクトの最小値と最大値を探したのちに正規化した方が見やすくなることが考えら
れます。しかし、このような方法を採用すると得られる画像の輝度が原画像に依存します。そ
こで、ここでは異なる画像を相対的に観察することも考慮し、0.0 ～ 1.0 の固定値を採用しま
す。最後に、この正規化した Mat オブジェクトを、Mat.ConvertTo メソッドで CV_8U へ変
更します。その際に 0.0 ～ 1.0 を 0 ～ 255 へスケール変換します。この結果をフォームに表
示します。これらに正規化やスケールは DFT 的な意味はなく、単にパワースペクトルの視認
性がよくなるように加えた処理です。

10

■ Cv2.Split ■

マルチチャンネル Mat を Mat の配列にコピーします。

```
public static void Split (
        Mat        src,
        out Mat[]  mv
)
```

src   入力の複数チャンネルを持つ Mat です。

mv   コピー先の配列または配列のベクトルです。配列の数は mtx.channels() と一
          致する必要があります。Mat 配列は自体は、必要に応じて再割り当てされます。

■ Cv2.Magnitude ■

2D ベクトルの大きさを計算します。

```
public static void Magnitude (
        InputArray   x,
        InputArray   y,
        OutputArray  magnitude
)
```

引数

x   ベクトルの x 座標の浮動小数点配列です。x および y 配列の対応する要素か
           ら形成される 2D ベクトルの大きさを計算します。

$$\mathrm{dst}(I) = \sqrt{x(I)^2 + y(I)^2}$$

y   ベクトルの y 座標の浮動小数点配列です。x と同じサイズでなければなりま
           せん。

magnitude x と同じサイズとタイプの出力配列です。

■ Cv2.Log ■

すべての配列要素の自然対数を計算します：dst = log(abs(src))。

```
public static void Log (
        InputArray   src,
        OutputArray  dst
)
```

引数

src   入力配列です。

dst   src と同じサイズとタイプの出力配列です。

■ Cv2.Normalize ■

指定されたノルム（アルファ）または最小（アルファ）および最大（ベータ）配列値のいずれかが指定された値になるように、配列要素をスケーリングおよびシフトします。

```
public static void Normalize (
        InputArray        src,
        InputOutputArray  dst,
        double            alpha = 1,
        double            beta = 0,
        NormTypes         normType = NormTypes.L2,
        int               dtype = -1,
        InputArray        mask = null
)
```

引数

src   入力配列です。

dst   src と同じサイズの出力配列です。

alpha   オプションの引数です。正規化するノルム値、または範囲の正規化場合は範囲の下限です。

beta   オプションの引数です。範囲正規化の場合は範囲の上限です。ノルム正規化には使用されません。

normType   オプションの正規化タイプです。

10

dtype	オプションの引数です。値が負の場合、宛先配列は src と同じタイプになります。それ以外の場合は、src と同じチャンネル数と深さ = CV_MAT_DEPTH（rtype）になります。
mask	オプションの操作マスクです。

swapDft メソッドは、Mat オブジェクトの象限入れ替えを行います。以降に、ソースリストを示します。

リスト10.3●swapDftメソッド（DFT-CCvFunc.cs）

```
private Mat swapDft(Mat src)
{
    Mat swap = src.Clone();

    int cx = swap.Cols / 2;      // center
    int cy = swap.Rows / 2;      // center

    Mat j1 = new Mat(swap, new Rect(0, 0, cx, cy));       // Top-Left
    Mat j2 = new Mat(swap, new Rect(cx, 0, cx, cy));      // Top-Right
    Mat j3 = new Mat(swap, new Rect(0, cy, cx, cy));      // Bottom-Left
    Mat j4 = new Mat(swap, new Rect(cx, cy, cx, cy));     // Bottom-Right

    Mat jPart = new Mat();
    j1.CopyTo(jPart);       // swap 1 <-> 4
    j4.CopyTo(j1);
    jPart.CopyTo(j4);
    j2.CopyTo(jPart);       // swap 2 <-> 3
    j3.CopyTo(j2);
    jPart.CopyTo(j3);

    return swap;
}
```

以降に入れ替えの様子を示します。DFT を行った場合、結果の中心部が高周波で、四隅が低周波です。ところが、一般的にパワースペクトルは中心を低周波として表現しますので、象限を入れ替えます。以降に象限を入れ替える様子を図で示します。なお、図に示す数値は、いわゆる象限とは一致しません。単純に、位置の対応を示すために示した数値です。

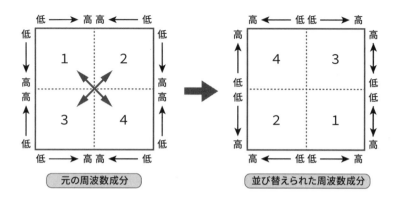

図10.2●象限の入れ替え

　これまで紹介したメソッドを呼び出すのが DoCvFunction メソッドです。このメソッドは Form1 から呼び出されます。以降に、ソースリストを示します。

リスト10.4●DoCvFunctionメソッド（DFT-CCvFunc.cs）

```csharp
public Bitmap DoCvFunction()
{
    Mat mDFT = mat2Dft(mSrc);            // image to DFT
    Mat dft8u = dft2dispMat(mDFT);       // DFT to display image
    mDst = swapDft(dft8u);               // swap: 1 <-> 4, 2 <-> 3

    return OpenCvSharp.Extensions.BitmapConverter.ToBitmap(mDst);
}
```

　入力画像が格納されている mSrc を引数に、mat2Dft メソッドを呼び出します。これによって、mDFT に入力画像を DFT した結果が格納されます。次に、この mDFT を引数に、dft2dispMat メソッドを呼び出します。これによって、dft8u に表示形式に変換した結果が格納されます。このまま表示すると、象限が入れ替わっていますので、swapDft を呼び出し、mDst に象限を入れ替えた結果が得られます。最後に、この mDst を Bitmap オブジェクトへ変換して、呼び出し元へ返します。

　以降に、いくつかの実行例を示します。

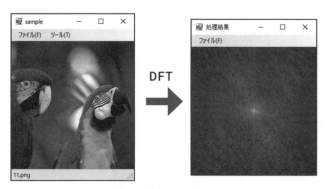

図10.3●実行例（1）

　次に、この現画像にローパス処理を行い、オリジナル画像に比べ高周波成分を除去した画像へ、上記と同じ処理を行った結果を示します。

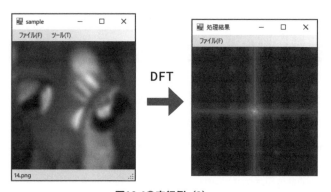

図10.4●実行例（2）

　高周波成分が減り、低周波成分が多いのが分かります。当然ですが平滑化を行ったため低周波成分が増加した結果です。中心の白い部分が広くなっています。パワースペクトルは、DFTの結果を数値で観察するのが難しいため可視化しただけです。このため、値をログスケールせずに、単純に定数を乗算する、あるいはログスケールする際にオフセットを与えるなど、いろいろな方法が考えられます。要は、周波数成分の分布が観察しやすければ良いでしょう。あるいは、使用者が特定の部分を強調して識別したければ、そのような工夫を行うと良いでしょう。

10.2 逆変換

　前節のプログラムを少し拡張し、DFT したデータを IDFT して元の画像に戻ることを確認します。本プログラムは、画像に対して DFT を実施した結果を可視化し、さらに、その結果を IDFT して元の画像に戻ることを示します。これらを 3 つのフォームで示します。

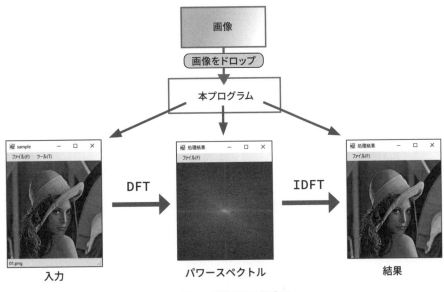

図10.5●使用法の概念図

　フォームやそれに対応するソースコードなどは、これまでと大きく変わりませんので主要な部分のみを説明します。先のプログラムと共通な部分も多いので、異なる部分を中心に説明します。

　以降に、実際に IDFT を行う CCv の派生クラス CCvFunc を示します。mat2Dft メソッドで入力画像を DFT するのは前節のプログラムと同じです。

リスト10.5●ソースリストの一部（DFT2IDFT-CCvFunc.cs）

```
    ⋮
public (Bitmap, Bitmap) DoCvFunction()
{
    Mat dft = mat2Dft(mSrc);           // image to DFT
```

```
        Mat dft8u = dft2dispMat(dft);        // DFT to display image
        Mat dispDft = swapDft(dft8u);              // swap: 1 <-> 4, 2 <-> 3

        Mat dispIdft = dft2idft8u(dft, mSrc);
        return (OpenCvSharp.Extensions.BitmapConverter.ToBitmap(dispDft),
            OpenCvSharp.Extensions.BitmapConverter.ToBitmap(dispIdft));
}
    ⋮
private Mat mat2Dft(Mat src)
    ⋮
private Mat dft2dispMat(Mat complex)
    ⋮
private Mat swapDft(Mat src)
    ⋮


private Mat dft2idft8u(Mat dft, Mat src)
{
    Mat temp = new Mat();
    Cv2.Idft(dft, temp);              // IDFT

    // 複素画像の実部と虚部を2枚の画像に分離する。
    Mat[] readImage = new Mat[2];
    Cv2.Split(temp, out readImage);           // [0]-> Real, [1]->imaginary

    // 実部について正規化を行う。入力画像のサイズはDFT用に
    // 拡大されているので、原画像の同サイズにROIを設定して縮小する。
    Mat idftRoi = new Mat(readImage[0], new Rect(0, 0, src.Cols, src.Rows));
    Mat idft = new Mat();
    Cv2.Normalize(idftRoi, idft, 0, 1, NormTypes.MinMax);
    idft.ConvertTo(idft, MatType.CV_8UC1, 255.0, 0);

    return idft;
}
    ⋮
```

　dft2idft8u メソッドは、入力画像を DFT した Mat オブジェクトへ IDFT 処理を行い、その結果の Mat オブジェクトを返します。引数に DFT した Mat オブジェクト（dft）と入力画像を格納した Mat オブジェクト（src）を受け取ります。

　まず、`Cv2.Idft` メソッドで IDFT 処理を行います。次に、`Cv2.Split` メソッドで IDFT の結果を Mat 配列である `readImage` へ分離します。この配列の [0] には実数部が、[1] には虚数部が格納されています。

　一般的に DFT した Mat オブジェクトのみで IDFT は可能と思うでしょうが、本プログラムは DFT を行う際に高速に処理できるように Mat オブジェクトのサイズを調整しています。このため、何も考えずに IDFT を行うと、入力画像と異なったサイズの Mat オブジェクトを返してしまいます。これを避けるために、入力画像も引数で受け取ります。この入力画像はサイズしか使用しませんので、Mat オブジェクトではなく、引数をサイズへ変更するのも悪くないでしょう。この入力画像のサイズを利用し、IDFT 処理後の実数部に ROI を設定し、これを `idftRoi` とします。

　次に、`Cv2.Normalize` メソッドで 0.0 ～ 1.0 へ正規化します。最後に、この正規化した Mat オブジェクトを CV_8U へ変更します。その際に 0.0 ～ 1.0 を 0 ～ 255 への変更も行います。この Mat オブジェクトを呼び出し元へ返します。

　以降に実行例を示します。左から原画像、DFT で得られたパワースペクトル、そして IDFT で戻した画像を示します。

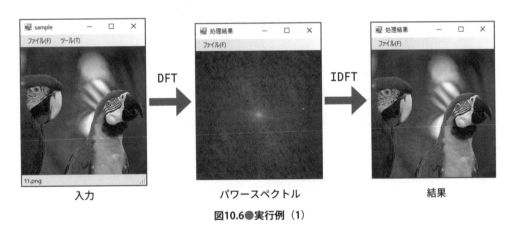

入力　　　　　　　　　　パワースペクトル　　　　　　　　結果

図10.6●実行例（1）

　次に、この現画像にローパス処理を行った画像を入力に使用したものを示します。先の画像に比べ高周波成分を除去した画像を処理させたためパワースペクトルの低周波成分が増加したのを観察できます。

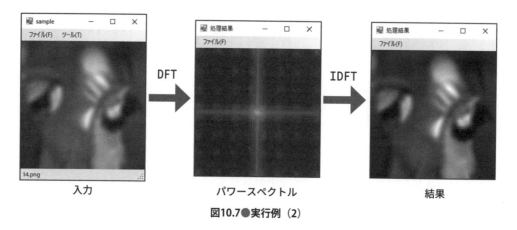

図10.7●実行例（2）

　平滑化を行った画像のパワースペクトルを観察すると、オリジナル画像に比べ低周波成分が広いのが分かります。当然ですが平滑化を行ったため低周波成分が増加した結果です。

■ Cv2.Idft ■

1Dまたは2D浮動小数点配列の逆離散フーリエ変換を実行します。

```
public static void Idft (
        InputArray    src,
        OutputArray   dst,
        DftFlags      flags = DftFlags.None,
        int           nonzeroRows = 0
)
```

引数

src　　　　　　入力配列です。浮動小数点の実数、または複素数配列です。

dst　　　　　　出力配列です。大きさと型は flags に依存します。

flags　　　　　オプションの変換フラグです。詳細は OpenCvSharp（DftFlag2 値の組み合わせ）のドキュメントを参照してください。

nonzeroRows　オプションの引数です。本引数が0以外の場合、関数は入力配列の最初の nonzeroRows 行のみ（DFT_INVERSE が設定されていない）、または出力配列の最初の nonzeroRows のみ（DFT_INVERSE が設定されている）に0以外が含まれていると想定します。残りの行をより効率的に処理し、時間を節約します。

第11章

動 画

パソコンに接続したカメラで映像を表示するプログラムなどを紹介します。カメラからの動画表示、動画へのリアルタイム画像処理など、基本的なプログラムを紹介します。

11.1 | カメラ表示・コンソール

最も単純と思われる動画処理のプログラムを紹介します。本プログラムは、パソコンに接続されたカメラから映像を取り出し、画面に表示します。OpenCV による動画処理の基本を学びます。以降に動作の概要図を示します。

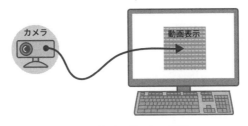

図11.1●プログラムの概要

プログラムはコンソールアプリケーションで作成します。以降に、ソースリストを示します。

```csharp
using OpenCvSharp;

namespace ConsoleApp1
{
    class Program
    {
        static void Main(string[] args)
        {
            VideoCapture capture = new VideoCapture(0);

            using (var window = new Window("capture"))
            {
                Mat src = new Mat();

                while (true)
                {
                    capture.Read(src);
                    if (src.Empty()) break;

                    window.ShowImage(src);
                    if (Cv2.WaitKey(1) != -1) break;
                }
            }
        }
    }
}
```

　本プログラムは、パソコンに接続されているカメラから連続的に映像を取り出し、それを表示します。カメラから映像を得るためにVideoCaptureオブジェクトcaptureを生成します。パソコンにカメラが複数接続されていても、必ず最初に見つかったカメラを使用します。カメラが見つからない場合、captureのオープンは失敗します。カメラのオープンに失敗したらプログラムは終了します。

　whileループで映像を連続表示しますが、ループに入る前にWindowメソッドで映像表示用のウィンドウを作成します。ループ内で、captureオブジェクトから1フレーム取り出しMatオブジェクトsrcへ格納します。このsrcをShowImageメソッドで表示します。whileループを終了させるため、WaitKeyメソッドでキーを監視し、キーが押されたらループを抜けます。

　VideoCapture オブジェクトなどの、各種オブジェクトの破棄はデストラクタに任せ、明示的な解放は行いません。以降に、実行例を示します。

図11.2●実行例

■ VideoCapture クラス ■

ビデオファイルやカメラからキャプチャーを行うためのクラスです。

■ VideoCapture コンストラクター ■

　VideoCapture クラスのコンストラクターです。動画をキャプチャーするためカメラをオープンします。

```
public VideoCapture (
        int             index,
        VideoCaptureAPIs  apiPreference = VideoCaptureAPIs.ANY
)
```

引数

index　　　　ビデオキャプチャーデバイスの ID です。

apiPreference　オプションの引数です。使用するのに好ましい Capture API バックエンドです。複数を利用可能な場合、特定の実装を強制するために使用できます。通常は指定する必要はないでしょう。

11

■ VideoCapture.Read ■

次のビデオフレームを取得し、デコードします。本メソッドは、VideoCapture.grab と VideoCapture.retrieve を連続で呼んだのと等価です。grab メソッドと retrieve メソッドを使用しても構いませんが、特別な理由がない限り本メソッドを使用する方が簡単です。もし、次のフレームを取得できなかった場合（カメラが外された場合や、ファイルの最終に達した場合など）、メソッドは false を返し、引数には NULL ポインタが設定されます。

■ Window.ShowImage ■

ウィンドウに画像を表示します。

```
public void ShowImage (
        Mat  img
)
```

引数

img　　　表示する画像です。

11.2 動画ファイル表示・コンソール

先のプログラムは、カメラから取り込んだ動画を表示しました。本節のプログラムは、動画ファイルを読み込み表示します。以降に動作の概要図を示します。

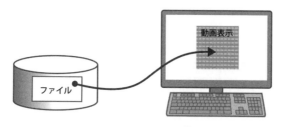

図11.3●プログラムの概要

以降に、ソースリストを示します。

リスト11.2●Program.cs（FileConsole）

```csharp
using OpenCvSharp;

namespace ConsoleApp1
{
    class Program
    {
        static void Main(string[] args)
        {
            VideoCapture capture = new VideoCapture("sample.mp4");
            int sleepTime = (int)(1000 / capture.Fps);
            if (capture.Fps == 0)
                sleepTime = 33; // 30fps

            using (var window = new Window("capture"))
            {
                Mat src = new Mat();

                while (true)
                {
                    capture.Read(src);
                    if (src.Empty()) break;

                    window.ShowImage(src);
                    if (Cv2.WaitKey(sleepTime) != -1) break;
                }
            }
        }
    }
}
```

　前節のプログラムと異なる部分に網掛けしています。VideoCaptureオブジェクト
captureを生成するときに、コンストラクターの引数にファイル名を指定します。その
captureオブジェクトからフレームレートを取得し、Cv2.WaitKeyメソッドに与える値を導
き出します。フレームレートは、captureオブジェクトのFpsプロパティから取得しますが、
正確な値が返ってこない時があります。そのような場合は強制的にフレームレートは30 fps
とみなします。

　動画の表示は前節のプログラムと同様ですが、Cv2.WaitKeyメソッドの引数に、先ほど求

めた sleepTime を与え、ファイルから取得したフレームレートで再生します。正確にはオーバーヘッドが存在しますので、sleepTime より小さな値を与えるべきですが、正確な値は不明なので、そのまま得られた値を使用します。

実行例を示します。本プログラムは動画ファイルを必要としますので、カレントフォルダに sample.mp4 の名前で保存してください。ファイル名や場所を移動したいときは、ソースコードを書き換えてください。

図11.4●実行例

11.3 | フォームへ動画表示

これまでのプログラムは、動画の表示、および動画を表示するウィンドウの管理すべてを OpenCvSharp へ任せていました。ここでは、OpenCvSharp を使用し、処理した動画を C# のフォーム内に表示するプログラムを紹介します。

フォームなどは、これまでに紹介したメニューをもつ通常の形式です。フォーム自体の説明は行わず、コードのみ紹介します。

まず、本プログラムの大まかな処理の流れを箇条書きで示します。

1. ユーザーが［開く］メニュー項目を選びます。
2. ［開く］メニュー項目を選択すると、対応するメソッドが呼び出されます。

3. そのメソッドで BackgroundWorker の RunWorkerAsync メソッドを呼び出します。

4. すると間接的に DoWork イベントが発生します。このイベントで呼び出されるメソッド
   はバックグラウンドで別のスレッドとして起動されます。

5. DoWork イベントで起動されたメソッドは画像の取り出しをループで実行します。ルー
   プ内から定期的に ReportProgress メソッド呼び出します。

6. 間接的に bw_ProgressChanged メソッドが呼び出されます。このメソッドで、画像表
   示を更新します。つまり、カメラから取得した動画を表示します。

7. ［閉じる］メニュー項目を選択すると、対応するメソッドが呼び出されます。そのメソッ
   ドで Close メソッド呼び出します。

8. すると、Form1_FormClosing メソッドへ制御が移りますので、BackgroundWorker
   オブジェクトの CancelAsync メソッドを呼び出します。

9. これによって、BackgroundWorker オブジェクトの CancellationPending が true
   に変わります。これによって、bw_DoWork メソッドは終了に向かいます。

10. 最後に、プログラムは終了します。

上記の内容を図で示します。

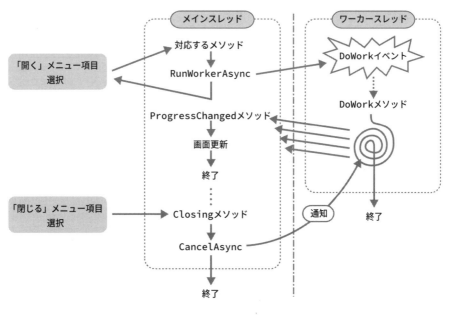

図11.5●処理の流れ

以降に、Form1 に対応するソースリストの一部を示します。まず、コンストラクター周りの説明を行います。

リスト11.3●コンストラクター周り（CamoraOnForm-Form1.cs）

```csharp
using System;
using System.Drawing;
using System.Windows.Forms;
using System.ComponentModel;

using OpenCvSharp;

namespace Sample
{
    public partial class Form1 : Form
    {
        private readonly string ttl = "sample";
        private readonly VideoCapture capture;
        private readonly BackgroundWorker bw;

        public Form1()
        {
            InitializeComponent();

            Text = ttl;
            toolSSLbl.Text = "Status";
            panel1.Dock = DockStyle.Fill;              //スクロール対応
            panel1.AutoScroll = true;
            pBox.Location = new System.Drawing.Point(0, 0);

            capture = new VideoCapture(0);
            bw = new BackgroundWorker();
            bw.DoWork += bw_DoWork;
            bw.ProgressChanged += bw_ProgressChanged;
            bw.WorkerReportsProgress = true;
            bw.WorkerSupportsCancellation = true;
        }
```

　プログラム全体で利用するため VideoCapture や BackgroundWorker を宣言します。コンストラクターで、VideoCapture オブジェクトや BackgroundWorker オブジェクトを生成し、VideoCapture オブジェクトはイベントの登録やプロパティの設定を行います。

[開く] メニュー項目を選択すると、FileMenuOpen_Click メソッドに制御が渡ります。

リスト11.4●FileMenuOpen_Clickメソッド（CamoraOnForm-Form1.cs）

```csharp
private void FileMenuOpen_Click(object sender, EventArgs e)
{
    try
    {
        if (bw.IsBusy == true)
            return;
        if (!capture.IsOpened())
        {
            toolSSLbl.Text = "no camera.";
            return;
        }

        // ウィンドウサイズ調整
        AdjustWinSize(new System.Drawing.Size(capture.FrameWidth,
                                              capture.FrameHeight));
        bw.RunWorkerAsync();
        toolSSLbl.Text = "start camera.";
    }
    catch (Exception ex)
    {
        MessageBox.Show(ex.Message);
    }
}
```

BackgroundWorker オブジェクトが Busy 状態、つまり、すでに起動中であるかチェックし、そうであれば本操作は無視します。次に、VideoCapture オブジェクトが開かれているかチェックし、開かれていなかったら、同様に本操作を無視します。VideoCapture オブジェクトが開かれていないケースとして、カメラが接続されていない状態などが想像されます。

次に、AdjustWinSize メソッドを呼び出します。AdjustWinSize メソッドの引数に VideoCapture オブジェクトから得た、動画のサイズを渡します。そして、BackgroundWorker オブジェクトの RunWorkerAsync メソッドを呼び出します。すると間接的に DoWork イベントが発生します。このイベントで呼び出されるメソッドはバックグラウンドでスレッドとして実行されます。

11

AdjustWinSize メソッドは、FileMenuOpen_Click メソッドから呼び出されます。

リスト11.5●AdjustWinSizeメソッド（CamoraOnForm-Form1.cs）

```
private void AdjustWinSize(System.Drawing.Size size)
{
    //スクロール対応
    pBox.Size = size;

    // ウィンドウサイズ調整
    ClientSize = new System.Drawing.Size(size.Width, size.Height
                    + menuStrip1.Height + statusStrip1.Height);
}
```

本メソッドは引数で受け取った Size を元に、フォームのサイズを変更します。画像の表示サイズを System.Drawing.Size オブジェクトで受け取ります。

DoWork メソッドは、FileMenuOpen_Click メソッドから BackgroundWorker オブジェクトの RunWorkerAsync メソッドを呼び出しで間接的に起動されます。

リスト11.6●DoWorkメソッド（CamoraOnForm-Form1.cs）

```
// DoWork
private void bw_DoWork(object sender, DoWorkEventArgs e)
{
    BackgroundWorker bgWorker = (BackgroundWorker)sender;

    while (!bgWorker.CancellationPending)
    {
        using (Mat src = capture.RetrieveMat())
        {
            if (src.Empty())
                return;
            Bitmap bmp = OpenCvSharp.Extensions.BitmapConverter.ToBitmap(src);
            bgWorker.ReportProgress(0, bmp);
        }
        System.Threading.Thread.Sleep(1);
    }
}
```

　本メソッドは、BackgroundWorker オブジェクトの CancellationPending が false の間は永久にループします。

　VideoCapture オブジェクトからフレームを取り出し、取り出した Mat オブジェクトを Bitmap オブジェクトへ変換します。次に、BackgroundWorker オブジェクトの ReportProgress メソッドを呼び出します。ReportProgress メソッドを呼び出すと、間接的に bw_ProgressChanged メソッドが呼び出されます。bw_ProgressChanged メソッドはメインスレッドで実行されます。このままでは、ループが高速に回り CPU の負荷が大きくなるため、適切な値を与えた System.Threading.Thread.Sleep メソッドを呼び出し、CPU の負荷を下げます。

　bw_ProgressChanged メソッドは、DoWork メソッドから間接的に呼び出されます。

リスト11.7●bw_ProgressChangedメソッド（CamoraOnForm-Form1.cs）

```
private void bw_ProgressChanged(object sender, ProgressChangedEventArgs e)
{
    Bitmap bmp = (Bitmap)e.UserState;
    pBox.Image?.Dispose();
    pBox.Image = bmp;
}
```

　DoWork メソッドで読み込み、Bitmap オブジェクトへ変換したものを、引数の ProgressChangedEventArgs から取得します。それを PictureBox オブジェクトの Image プロパティへ設定します。このままでは、フレームの数だけメモリーを消費しますので、Bitmap オブジェクトを PictureBox オブジェクトの Image プロパティへ設定する前に、Image プロパティに Bitmap オブジェクトが設定済なら、.Dispose() を呼び出し、そのオブジェクトが破棄対象であることをシステムに教えます。これによってメモリーの消費量を減らすことができます。ただ、十分なメモリーを搭載しているか高速な CPU を搭載している場合は、ガベージコレクションなどの制御はシステムに任せた方が良好な結果を得られることも多いです。このため、リソース管理に対するコードは記述しない方が良い場合もあります。

　［閉じる］メニュー項目を選択すると、FileMenuClose_Click メソッドに制御が渡ります。

11

リスト11.8●FileMenuClose_Clickメソッド（CamoraOnForm-Form1.cs）

```
private void FileMenuClose_Click(object sender, EventArgs e)
{
    Close();
}
```

単にCloseメソッドを呼び出し、プログラムを終了させます。

Form1_FormClosingメソッドは、フォームが閉じられようとするときに制御が渡ります。

リスト11.9●Form1_FormClosingメソッド（CamoraOnForm-Form1.cs）

```
private void Form1_FormClosing(object sender, FormClosingEventArgs e)
{
    bw.CancelAsync();    // Cancel the asynchronous operation.
}
```

BackgroundWorkerオブジェクトのCancelAsyncメソッドを呼び出します。CancelAsyncメソッドを呼び出すと、BackgroundWorkerオブジェクトのCancellationPendingがtrueに変わります。これによって、bw_DoWorkメソッドのwhileループを抜け、bw_DoWorkメソッドが終了に向かいます。もし、このコードがないと、プログラムは終了へ向かいますが、起動されたスレッドは置き去りになる可能性があります。

　以降に、実行例を示します。［開く］メニュー項目を選択すると、新しいウィンドウが現れ動画が表示されます。

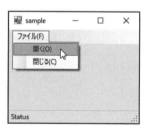

図11.6●動画表示開始

実行をやめる場合は、［閉じる］メニュー項目を選択します。

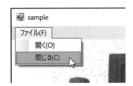

図11.7●プログラム終了

11.4 | 動画へ画像処理

　動画に画像処理を施すプログラムを紹介します。ここでは動画に Canny フィルタを実施しますが、これまで紹介した様々な処理を適用できます。前節のプログラムを少し変更するだけですので、その部分だけ説明します。以降に、Form1 に対応するソースリストの一部を示します。

リスト11.10●bw_DoWorkメソッド（CameraCanny-Form1.cs）

```csharp
private void bw_DoWork(object sender, DoWorkEventArgs e)
{
    BackgroundWorker bgWorker = (BackgroundWorker)sender;

    while (!bgWorker.CancellationPending)
    {
        using (Mat src = capture.RetrieveMat())
        using (Mat dst = new Mat())
        {
            if (src.Empty())
                return;
            Cv2.CvtColor(src, dst, ColorConversionCodes.BGR2GRAY);
            Cv2.Canny(dst, src, 40.0, 150.0);
            Bitmap bmp = OpenCvSharp.Extensions.BitmapConverter.ToBitmap(src);
            bgWorker.ReportProgress(0, bmp);
        }
        System.Threading.Thread.Sleep(1);
    }
}
```

11

変更が必要なメソッドは bw_DoWork のみです。網掛け部分が追加されるだけです。

以降に、実行例を示します。［開く］メニュー項目を選択すると、新しいウィンドウが現れ Canny 処理された動画が表示されます。

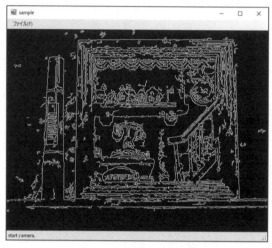

図11.8●Canny処理された動画表示

Visual Studio の
インストール

付録

　ここでは、本書で紹介するプログラムの開発および動作確認に使用した、Visual Studio Community 2019 のインストールについて簡単に説明します。

　Visual Studio のインストールは簡単であり、普遍的なものでないため書籍に掲載するような内容ではないでしょう。ダウンロードサイトの URL や、その内容も日々変化しますので、書籍に記載するのは不適当と思われるときもあります。ただ、一例として参考にする目的で簡単に説明します。

　実際の開発現場では、現在の資産との関係で一世代あるいは二世代古いバージョンを使用するのはよくあることです。なお、古いバージョンの Visual Studio は、新しいバージョンで開発したプロジェクトを読み込めない場合があります。そのような場合は、自身でプロジェクトを作ってください。新しいバージョンの Visual Studio は、古いバージョンで開発したプロジェクトを読み込める場合が多いです。

　ここでは、執筆時点の最新バージョンである、Visual Studio Community 2019 のインストールについて簡単に解説します。まず、マイクロソフト社のウェブサイト（https://visualstudio.com/ja/downloads/）を開きます。そして、「Visual Studio 2019」の「コミュニティ」の［無料ダウンロード］ボタンをクリックします。

図A.1●［無料ダウンロード］ボタンをクリック

　ブラウザによって表示は異なりますが、Microsoft Edge ならば、ダウンロードが完了すると
ブラウザの左下隅に次のように表示されます。ここでは、「ファイルを開く」をクリックして
インストーラーを起動します。

図A.2●「ファイルを開く」をクリック

　インストールの準備が整うと、ライセンス条項へ同意するか問い合わせるダイアログボック
スが現れます。ライセンス条項へ同意するとインストールが始まります。

図A.3●［続行］ボタンを押してインストール開始

　しばらくすると図A.4 に示す画面が現れます。C# を使用しますので、「.NET デスクトップ
開発」へチェックを付けます。すると、右側にインストールする項目が現れます。デフォルト
の設定で構いませんので［インストール］ボタンを押します。

　右側のオプション項目に不要なものがあれば、チェックボックスのチェックを外しても構い
ません。その分、ディスクの消費量やインストールに掛かる時間が節約できます。後から必要
になったとしても Visual Studio では簡単に追加インストールできますので、ここではそれほ
ど厳密に考える必要はありません。

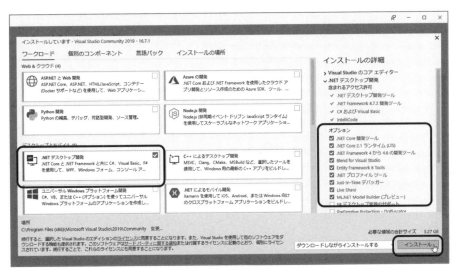

図A.4●「.NET デスクトップ開発」を選択して［インストール］ボタンをクリック

　インストール作業がしばらく続きますので、ほかの作業などをしながら終わるのを待ちま
しょう。

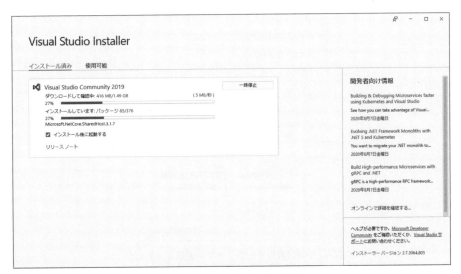

図A.5●インストール中の様子

　インストール終了時にパソコンの再起動が求められたら、再起動します。再起動が求められ
ない場合は、すぐに Visual Studio が起動します。Visual Studio が起動するとサインインを求
められます。すでにアカウントを所持していればサインインして構いませんが、そうでなけれ
ば「後で行う」をクリックして後回しにして構いません。

図A.6●サインインを求めるダイアログ

　次に、「開発設定」や「配色テーマの選択」ダイアログが現れます。自分の好みの設定を行っ
てください。ここでは何も変更せず「Visual Studio の開始」をクリックします。

図A.7●開発設定や配色テーマの選択ダイアログ

しばらくすると「作業の開始」画面が現れます。

図A.8●「作業の開始」画面

　以上で、Visual Studio Community 2019 のインストールは完了です。

　Visual Studio Community は無償で利用できますが、アカウントを作成しサインインしない
と、一定期間後に利用が制限されます。メールアドレスとパスワードを用意してマイクロソフ
ト社用のアカウントを作成するとよいでしょう。Visual Studio Community を無償で利用でき
る期間の終わりが迫ると案内が表示されますので、それに従ってアカウントを作成しましょ
う。もちろん、すでにアカウントを作成済みであれば、そのアカウントを利用できます。ある
いは使用期限が迫る前に、早めにアカウントを作成するのも良いでしょう。

参考文献

1. 「OpenCV documentation」(http://docs.opencv.org/)
2. 「Welcome to the OpenCvSharp」(https://shimat.github.io/opencvsharp_docs/)
3. 「OpenCV: OpenCV modules」(https://docs.opencv.org/master/)
4. 「GitHub shimat/opencvsharp Home」(https://github.com/shimat/opencvsharp/wiki)
5. 「GitHub VahidN/OpenCVSharp-Samples」(https://github.com/VahidN/OpenCVSharp-Samples)
6. ウィキペディア「ガウス関数」(https://ja.wikipedia.org/wiki/ガウス関数)
7. 安川 章、「OpenCV で映えるリアルタイム動画処理に挑戦」、Interface 2020 年 7 月号、CQ 出版社
8. Haruki Yano、「ガウス関数の性質を 5 分で学ぶ」(https://light11.hatenadiary.com/entry/2018/05/17/225508)
9. 北山 洋幸、「C# と OpenCV の融合プログラミング」、株式会社カットシステム
10. 北山 洋幸、「OpenCV4 基本プログラミング」、株式会社カットシステム
11. 北山 洋幸、「C++ インタフェースによる OpenCV プログラミング」、株式会社カットシステム

索引

A

Absdiff() 92
Add() 90
AKAZE 191
ApproxPolyDP() 115
async 修飾子 205
await 演算子 205

B

BitwiseNot() 23
BitwiseOr() 93
Blur() 37

C

Canny() 44
CascadeClassifier クラス 174
CCv クラス 59, 64
CCvFunc クラス 59
ClipIt() 67, 159
Clo クラス 35
CopyMakeBorder() 212
CreateCosMat() 66
CSAreas クラス 147
CvtColor() 25
CvXimgProc.Thinning() 131

D

DetectMultiScale() 175
DFT 209
DFT サイズ 212
Dft() 214
Dilate() 45
DoChgObjs() 66
doChgObjsGausian() 66
DrawContours() 114
DrawKeypoints() 193

E

EqualizeHist() 27
Erode() 47

F

Feature2D.DetectAndCompute() 193
FindContours() 108
Flip() 73

G

gaussf() 66
GaussianBlur() 39
GetOptimalDFTSize() 212
GetPerspectiveTransform() 81
GetReadFile() 64
GetRotationMatrix2D() 77
GetWriteFile() 65
GoodFeaturesToTrack() 105

I

IDFT 209
Idft() 224
ImRead() 22
ImShow() 15
ImWrite() 55
Inpaint() 117
InputArray 48

L

Laplacian() 40
Log() 217
LUT() 69

M

Magnitude() 216
Mat クラス 15
Mat.ConvertTo() 213

Mat.MinMaxLoc() 183
MatchTemplate() 182
Merge() 213
MulMat() 66

N

Normalize() 217

O

OpenCV iii
OpenCvSharp 1, 6
OpenFileCv() 65
OutputArray 48

R

Remap() 168
Resize() 75
ROI 96

S

SaveAS() 65
Sobel() 42
Split() 216
Stitcher クラス 201
Stitcher.Create() 202
Stitcher.Stitch() 202

T

Threshold() 28

V

VideoCapture クラス 227
Visual Studio 239

W

WaitKey() 15
WarpAffine() 78
WarpPerspective() 81
Windows フォームアプリケーション 10

あ

アフィン変換 78
色空間の変換 25
エッジ検出フィルタ 40
オブジェクトの検出 175
オブジェクトの除去 151
重みテーブル 99

か

回転変換 76
ガウス関数 66, 164
加算（画像） 90
ガンマ補正 68
キー入力の待機 15
キーポイント 193
幾何学的変換（画像） 168
逆フーリエ変換 221
クリップ（画像） 67
コーナーの検出 105
コンソールアプリ 2

さ

細線化 130
自然対数 217
収縮処理 47
象限の入れ替え 219
乗算（画像） 66
絶対差分（画像） 92
双方向マッチング 197

た

テンプレート探索 182
動画表示 228, 230
透視投影 126, 133
透視変換 81

な

名前空間 14
ノイズの除去 153

は

パノラマ画像 201

反転（画像） 23, 73

ヒストグラムの均一化 27

非同期処理 205

表示（画像） 15

ファイルの読み込み 64

ファイルへの書き込み 65

ファイルを開く 65

フーリエ変換 209

復元（画像） 117

ブラー処理 37

ベクトルの大きさ 216

膨張処理 45

保存ファイル名 65

保存（画像） 55

ま

マスク 94

マルチチャンネル配列 213

や

読み込み（画像） 22

ら

ライセンス 2

リサイズ（画像） 75

離散フーリエ変換 209

輪郭 108, 114

論理和（画像） 93

わ

閾値処理 28

■ 著者プロフィール

北山 洋幸（きたやま・ひろゆき）

鹿児島県南九州市知覧町出身（旧川辺郡知覧町）、富士通株式会社、日本ヒューレット・パッカード株
式会社（旧横河ヒューレット・パッカード株式会社）、米国 Hewlett-Packard 社（出向）、株式会社 YHP
システム技術研究所を経て有限会社スペースソフトを設立したが、現在は引退している。

メインフレームのシステムソフトウェアやコンパイラの開発、メインフレーム用プロセッサシミュ
レータをいくつかの研究機関と共同で開発する。その後、初期のパーソナルコンピュータ、イメー
ジングシステム、メディア統合の研究・開発に従事する。数か月に及ぶ海外への長期出張や、シリ
コンバレーの R&D 部門への出向も経験する。US へ出張すると静電気と乾燥による鼻血には悩まさ
れた。その後、コンサルティング分野に移り、通信、リアルタイムシステム、信号処理・宇宙航空
機、電力などのインフラ、LSI の論理設計などなど、さまざまな研究・開発に参加する。並行して
多数の印刷物に寄稿する。現在は、本業はほとんど行わず、日々地域猫との交流を楽しんでいる。

著訳書
　月刊誌、辞典、季刊誌、定期刊行物へのコラム・連載など多数。

C# で始める OpenCV 4 プログラミング

2021 年　1 月 10 日　　初版第 1 刷発行
2023 年 11 月 20 日　　　　第 2 刷発行

著　　者　北山 洋幸
発行人　石塚 勝敏
発　行　株式会社 カットシステム
　　　　〒 169-0073　東京都新宿区百人町 4-9-7　新宿ユーエストビル 8F
　　　　TEL（03）5348-3850　　FAX（03）5348-3851
　　　　URL　https://www.cutt.co.jp/
　　　　振替　00130-6-17174
印　刷　シナノ書籍印刷 株式会社

本書に関するご意見、ご質問は小社出版部宛まで文書か、sales@cutt.co.jp 宛に
e-mail でお送りください。電話によるお問い合わせはご遠慮ください。また、本書の内
容を超えるご質問にはお答えできませんので、あらかじめご了承ください。